현대 교회를 향한

10 가지
기소장

TEN INDICTMENTS AGAINST THE MODERN CHURCH
by Paul Washer

Copyright ⓒ 2018 by Paul Washer
Originally published in English under the title *Ten Indictments Against the Modern Church*
by Reformation Heritage Books, Grand Rapids, MI. USA.
This Korean edition is translated and used by permission of Reformation Heritage Books
through arrangement of rMaeng2, Seoul, Republic of Korea.

This Korean Edition Copyright ⓒ 2018 by Word of Life Press, Seoul, Republic of Korea.

이 한국어판의 저작권은 알맹2 에이전시를 통하여
Reformation Heritage Books 사와 독점 계약한 생명의말씀사에 있습니다.
신저작권법에 의하여 한국 내에서 보호 받는 저작물이므로 무단 전재와 무단 복제를 금합니다.

현대 교회를 향한 10가지 기소장

ⓒ **생명의말씀사** 2018

2018년 12월 20일 1판 1쇄 발행
2025년 1월 9일　　　5쇄 발행

펴낸이 | 김창영
펴낸곳 | 생명의말씀사

등록 | 1962. 1. 10. No.300-1962-1
주소 | 서울시 종로구 경희궁1길 6 (03176)
전화 | 02)738-6555(본사) · 02)3159-7979(영업)
팩스 | 02)739-3824(본사) · 080-022-8585(영업)

기획편집 | 유영란
디자인 | 조현진
인쇄 | 예원프린팅
제본 | 다온바인텍

ISBN 978-89-04-16652-7 (03230)

저작권자의 허락 없이 이 책의 일부 또는 전체를
무단 복제, 전재, 발췌하면 저작권법에 의해 처벌을 받습니다.

Ten Indictments
against the Modern Church

현대 교회를 향한
10가지
기소장

폴 워셔 지음 · 스데반 황 옮김

생명의말씀사

차례

한국어판 서문 6
저자의 기도 8
들어가며 12

1 성경의 충분성에 대한 실질적 거부 22

2 하나님에 대한 무지 28

3 사람들의 죄를 지적하지 않음 34

4 예수 그리스도의 복음에 대한 무지 42

5 비성경적인 복음 초청 60

6	교회의 본질에 대한 무지	78
7	교회의 권징 부족	94
8	구별됨에 대한 침묵	102
9	가정에 대한 성경적 원칙을 어김	112
10	하나님 말씀을 먹지 않는 목사들	122

한국어판 서문

"현대 교회를 향한 10가지 기소장"으로 알려진 이 설교를 한 지도 여러 해가 지났습니다. 그럼에도 이 설교를 준비하며 느낀 엄청난 부담감이 아직까지 생생합니다. 저는 이 메시지가 많은 사람의 마음을 괴롭히리라는 것을 알았습니다. 그러나 동시에 사랑의 메시지로서 반드시 선포해야 할 말씀이라고 믿었습니다.

저는 꼬박 3일 동안 설교를 준비하며 간절히 하나님께 부르짖었습니다. 마침내 그 메시지를 설교했을 때, 저는 가슴이 찢어지는 것을 느꼈지요. 그 후 며칠간은 신체적으로도 정신적으로도 매우 지친 상태였습니다.

그때 저는 하나님이 이 메시지를 통해 어떻게 일하실지 전혀 예상할 수 없었습니다. 이 메시지를 통해 목사들과 그리스도인들을 '오직 성경으로'라는 개혁 신앙 아래 다시 부르실지, 그래서 교회에 어떤 영향을 미치실지 알 수 없었습니다.

이 메시지가 하나님께 계속 쓰임받기를 구합니다. 그리고 사도 바울을 지배했던 그 열정, "내가 하나님의 열심으로 너희를 위하여 열심을 내노니 내가 너희를 정결한 처녀로 한 남편인 그리스도께 드리려고 중매함이로다"(고후 11:2)라는 교회를 향한 열정으로 모든 사역이 충만하기를 바랍니다.

우리는 그리스도의 신부인 교회를 맡은 청지기입니다. 이 것은 얼마나 놀라운 특권입니까! 하지만 동시에 얼마나 두려운 자리입니까! 그리고 은혜와 경건한 충성이 얼마나 필요한 일입니까!

"누가 이 일을 감당하리요"(고후 2:16).

서문을 마치며, Reformation Heritage Books와 생명의말씀사가 변함없이 보여 준, 그리스도와 교회를 향한 충성스러운 섬김에 끝없는 감사를 드립니다.

폴 워셔 드림

저자의 기도

아버지, 당신의 아들 예수 그리스도의 이름으로
주님 앞에 나아갑니다.
주님, 주님은 모든 것을 아십니다.
모든 것은 주님 앞에 펼쳐진 책처럼 있습니다.
누가 주님의 눈을 피할 수 있으며,
누가 주님 앞에서 마음을 감출 수 있겠습니까?
가장 교묘한 사람의 행동마저 주님 앞에서는 드러납니다.
주님은 모르는 것 없이 다 아십니다.
만일 은혜가 없었다면,
저야말로 누구보다 큰 두려움에 떨 사람이었을 것입니다.
그러나 은혜가 있습니다.
풍성하고 영광스러운 은혜가
가장 연약한 사람인 제게 넘치도록 부어졌습니다.

하나님께 큰 영광을 돌립니다.

아버지, 주님을 찬양합니다.

경배합니다.

오직 주님으로 인하여,

또한 주께서 행하신 모든 일로 인하여 감사를 드립니다.

하늘과 땅과 땅 아래 주님과 같은 분은 아무도 없습니다.

주님은 왕이시며 다른 왕은 없습니다.

주님은 구세주이시며

다른 누구와도 그 영광을 나누지 않으십니다.

저를 아시는 주님,

오늘 제게 큰 은혜가 필요한 것을 아십니다.

오늘 제가 어떻게 이 자리에 설 수 있었겠습니까?

주님은 사람들 가운데 가장 약한 자,

형제들 중에 가장 미천한 자를 부르십니다.

그에게 은혜를 더하셔서

종종 못난 자가 더 나은 자를 가르치게 하십니다.

저의 경우가 늘 이러합니다.

주님을 찬양합니다.

경배합니다.

아버지, 오늘 우리를 도우소서.

유창한 말과 뛰어난 지식은 사라지고

진리만이 드러나게 하소서.

사람들을 변화시키시고

주님의 교회를 더욱 영광스럽게 하소서.

저와 이 메시지를 듣는 사람에게
은혜에 은혜를 더하시며 자비에 자비를 베푸소서.
오, 하나님 우리를 도우소서.
그리하면 우리가 도움을 얻고,
그 도움으로 인하여 자랑할 것입니다.
예수 그리스도의 이름으로 기도합니다. 아멘.

들어가며

"그러나 성령이 밝히 말씀하시기를 후일에 어떤 사람들이 믿음에서 떠나 미혹하는 영과 귀신의 가르침을 따르리라 하셨으니"(딤전 4:1).

오늘 제게 커다란 특권이 주어졌습니다. 바로 부흥과 개혁 그리고 하나님이 자기 백성 가운데 행하시는 일이 무엇인지 외치는 일입니다. 저는 오늘 현대 교회를 향해 이 기소장을 제출하려 합니다. 그러나 소망의 기소장입니다.[1]

저는 오늘 무엇을 전해야 할지 기도하다 중요한 결론에 이르렀습니다. 그리고 지금 큰 부담을 느낍니다.

---

1) 이 책의 내용은 원래 어떤 특별한 행사에서 선포된 단편 설교이다. 그 설교는 지금까지 분명한 복을 누려 왔는데, 곧 그 설교를 들은 전 세계 사람들 다수가 성령님의 역사로 진정한 회심을 경험하고 하나님께로 돌아오는 결과를 얻었다. 이 책은 단지 그 설교를 글로 옮긴 것으로서 설교의 구어체를 문어체로 바꾼 것만 크게 다르다. 모든 수정은 설교자가 전달하려는 뜻과 설교의 영적 의도를 살리고, 무엇보다 선포되는 말씀의 주인이신 하나님을 기리는 기본 목적을 따라 이루어졌다.

우리는 부흥해야 합니다.
우리는 각성해야 합니다!

그러나 우리가 저지른 모든 문제에 대해
다만 성령님이 해결해 주시기를
단순히 기대할 수는 없습니다.

우리는 하나님의 말씀을 통해 분명한 지시를 받았습니다. 하나님이 그리스도를 통해 하신 일이 무엇인지, 하나님이 우리가 어떻게 살기를 바라시는지, 하나님이 그분의 교회를 어떻게 이끌기 원하시는지, 우리는 압니다.

이처럼 자명한 성경의 원칙들을 지키지 않으면서, 예외적인 성령의 역사가 나타나기를 부르짖는 것은 아무 소용이 없습니다.

이것을 아시기 바랍니다. 사탄은 부흥을 위해 부르짖는 우리의 기도를 막을 필요가 없습니다. 우리가 개혁을 위해 수고하지 않기 때문입니다!

우리는 진리를 두고 자기 소견에 옳은 대로 행하면서 성령님이 복 주시기를 기대해서는 안 됩니다.

구약을 보십시오. 어떻게 성막을 지어야 하는지 매우 상세한 설명이 모세에게 주어졌습니다(출 25-28장). 그렇다면 이 지시는 모세를 위해 주어진 것입니까, 교회를 위해 주어진 것입니까? 여기서 알 수 있듯이 하나님은 매우 구체적으로 자신의 뜻을 알려 주십니다. 따라서 우리는 하나님이 계시하신 뜻 가운데 아주 작은 세부 사항이라도 함부로 취하거나 무시해서는 안 됩니다.

저는 연약한 사람입니다. 수많은 약점들로 고군분투합니다. 그럼에도 저는 기소장을 들고 나왔습니다. 이것은 저의 기소장이 아닙니다. 제가 누구라고 다른 사람을 고발하겠습니까? 감히 하나님의 기소장이라고 부를 수도 없습니다. 제가 어찌 주님의 이름을 함부로 이용할 수 있겠습니까?

그러나 이렇게 말할 수는 있습니다. 제가 현대 교회를 둘러보며 성경과 비교해 보니 반드시 개혁해야 할 부분들이 확실히 있다는 것입니다.

저는 또 다른 마르틴 루터[2]가 되려는 것이 아닙니다. 비텐베르크 성당 문에 못 박힌 95개 조 반박문[3] 같은 종교개혁 선언문을 발표하려는 것도 아닙니다. 다만 이 메시지가 저의 마음을 무겁게 짓누르는 탓에 저는 전할 수밖에 없습니다. 반드시 전해야만 합니다.

이 메시지에 분노를 느낄 분도 있을 것입니다. 저를 건방지다고 비난할 분도 있을 것입니다. 저는 지금까지 건방진 적도 많았고 그릇된 방법으로 진리를 전한 적도 많았습니다. 그러나 저의 잘못을 핑계 삼아 귀를 막지 마십시오. 여

---

[2] 마르틴 루터(1483-1546)는 독일 신학자로 대학 교수였으며 로마 가톨릭교회의 개혁자였다.

[3] 루터는 1517년 10월 31일, 독일의 비텐베르크에 있는 대성당 문에 로마 가톨릭교회의 교리와 관행을 반대하는 95개 조 반박문을 게시했다. 이는 개신교 종교개혁으로 이어지는 주요 사건 중 하나로, 이후 서구 문명의 진로가 바뀌었다.

러분이 고민하며 대답할 질문은 '전달자가 누구인가?'가 아니라, '이 메시지가 참인가, 거짓인가?'입니다.

이 메시지에 "아멘!"이라고 외치며 환호할 분도 있을 것입니다. 그러나 어리석은 우월감에 빠지지 마십시오. 우리 '모두'가 교회의 문제에 책임이 있습니다. 영적으로 어느 정도 성숙한 분이라면, 우리의 형제가 했던 이 말을 아실 것입니다. "네게 있는 것 중에 받지 아니한 것이 무엇이냐 네가 받았은즉 어찌하여 받지 아니한 것 같이 자랑하느냐"(고전 4:7). 겸손하게 하나님을 경배하는 편이 더 낫지 않겠습니까?

젊은 사역자 여러분, 이 진리를 교회로 가져가서 '사랑 없이' 휘두르지 마십시오. 교회를 개혁하기 원한다면, 먼저 무릎에서 피가 나도록 기도하십시오! 오랫동안 주님을 섬겨온 사역자 여러분께는 오만을 버리시기를 부탁드립니다. 늙고 어리석은 왕은 그의 종들 가운데 가장 연약한 자에게도 배울 것이 있습니다. 그리고 여러분께 부탁드립니다.

모든 것을 바꿀 용기를 가지십시오.
오늘이 삶의 마지막 날일지라도 말입니다.

그렇다면 적어도 성경적인 개혁을 시도한 사람으로서 영광 가운데 들어갈 것입니다!

연장자 여러분께 조심스럽게 말씀드립니다. 디모데전서 5장 1절의 훈계를 따라 아버지께 하듯 권면합니다. 지금 이 나라에는 큰 각성이 일어나고 있습니다! 이 나라뿐 아니라 제가 방문한 유럽과 남미 그리고 다른 많은 곳에서 각성이 일어나고 있습니다. 우리가 잘려 나왔던 반석으로 청년들이 돌아가고 있습니다.

많은 청년들이 찰스 스펄전[4]과 조지 휫필드[5]의 글을 읽고 레오나드 레이븐힐[6], 마틴 로이드존스[7], 에이든 토저[8], 존

---

[4] 찰스 스펄전(1834-1892)은 영국 침례교 목사로, 런던의 메트로폴리탄 태버내클 교회에서 매주 6천 명의 영혼을 향해 설교했다. 그의 설교집 모음은 63권 분량에 다다른다.

[5] 조지 휫필드(1714-1770)는 18세기 가장 잘 알려진 복음 전도자이며, 영적 대각성 기간 영국과 미국 식민지에서 하나님이 크게 사용하신 순회 설교자이다.

[6] 레오나드 레이븐힐(1907-1994)은 기도와 부흥을 주요하게 다룬 영국 목사이자 설교자이며 작가이다. 현대 교회를 향해 사도행전의 1세기 교회의 모범을 본받으라고 도전했다.

[7] 마틴 로이드 존스(1899-1981)는 잘 알려진 웨일스 설교자로, 의학 공부를 성공적으로 마치고 의사의 길을 가던 중 설교자로 부르심을 받았다. 그리스도 중심의 해석 설교로 유명하다.

[8] 에이든 토저(1897-1963)는 미국 기독교 선교 연합 소속 목사이자 설교자이며 작가로, 깊은 경건과 기도로 유명하다. 그는 현대 교회를 향해 천박함과 세상과의 타협을 회개하라고 도전했다.

웨슬리[9]의 설교를 듣습니다. 믿기 힘든 큰 변화입니다! 대중매체와 「크리스채너티 투데이」 같은 잡지들이 이 시대에 무슨 변화가 일어나는지 눈치 채지 못한다고 해서 이러한 변화가 없는 것은 아닙니다. 저는 15년 전만 해도 이런 각성이 있으리라고는 전혀 꿈도 꾸지 못했습니다! 제 사역을 통해서가 아닙니다. 우리 사역과는 무관한 하나님의 역사를 통해 각성이 일어나고 있습니다.

저는 네덜란드에서 수천 명의 청년들이 "변해야 한다!"고 부르짖으며, 하나님의 능력과 성경의 진리를 구하며 밤새 기도하는 것을 보았습니다. 남아메리카에서는 전도가 미국에서 건너온 심리학 및 각종 얄팍한 기술에 너무 많은 영향을 받았음을 깨닫고 상한 심령 가운데 슬피 울며 돌아가 그들의 교회에 참된 복음을 전하는 사람들을 보았습니다. 또한 미국의 많은 도시에서는 새벽 2~3시까지 토론하는 젊은 아프리카계 미국인들을 보았는데, 하나님은 그들을 일으켜 수많은 설교를 하게 하실 것입니다.

---

[9] 존 웨슬리(1703-1791)는 성공회 성직자이자 신학자이다. 조지 휫필드와 비슷한 방식으로 야외 설교를 시작했다. 형제인 찰스 웨슬리와 함께 영국 감리교 운동을 설립하는 데 크게 공헌했다.

영적 각성이 일어나고 있습니다! 그러나 대부분이 이런 각성을 전혀 눈치 채지 못하고 있습니다.

많은 청년들이 지난 세기의 위대한 스승들에게 눈을 돌리고 있습니다. 시대에 시대를 거듭해 이 세상에 각성을 가져온 옛 방식들과 진리들로 돌아가고 있습니다. 이들은 대부분 참으로 어립니다! 그들은 지도자들에게 가서 이렇게 말합니다. "우리가 찾은 것 좀 보세요! 웨일스에서 무슨 일이 있었는지 보세요.[10] 아프리카에서 있었던 일도 보세요.[11] 이것도 보세요. 저것도 보세요. 이 가르침을 보세요. 참으로 놀랍지 않습니까!" 그러면 대부분은 무관심하거나 이렇게 말합니다. "이것은 내가 25년 동안 설교한 내용과 다르지 않네." 사실은 전혀 다른데 말입니다!

우리는 하나님이 일하고 계심을 매우 주의하여 이해해야 합니다. 이 말씀을 기억하십시오.

---

[10] 석탄 광부였던 26세의 전도사 에반 로버츠(1878-1951)를 중심으로 시작된 웨일스 대부흥(1904-1905)과 같은 것을 말한다. 1년도 채 되지 않은 이 부흥 기간 동안 10만 명의 회심자들이 생겼고 수많은 교회들이 성경적인 믿음으로 돌아갔다.

[11] 1800년대 식민지 시대부터 시작된 이후 외국 선교사들과 원주민 교회에 의해 오늘날까지 지속된 사하라 사막 이남의 아프리카 복음화를 의미한다.

"너희 안에서 착한 일을 시작하신 이가 그리스도 예수의 날까지 이루실 줄을 우리는 확신하노라"(빌 1:6).

부흥을 위해 '기도해야 한다.'고 생각하는 사람들이 많습니다. 반대로 '기도하든 말든 부흥은 일어날 것'이라고 생각하는 사람들도 있습니다. 저는 둘 중 어느 쪽도 아닙니다. 그러나 이것 하나는 압니다. 전 세계에 영적 각성을 위해 기도하는 많은 사람들이 있습니다. 이들이 부흥의 첫 열매입니다. 이러한 첫 열매를 허락하신 하나님께서 풍성한 추수를 가져오실 것입니다!

이제 이 문제들에 비추어 현대 교회를 향해 10가지 기소장을 제출하려 합니다.

현대 교회는 반드시 변해야 합니다!

1

성경의 충분성에 대한 실질적 거부

"또 어려서부터 성경을 알았나니 성경은 능히 너로 하여금 그리스도 예수 안에 있는 믿음으로 말미암아 구원에 이르는 지혜가 있게 하느니라 모든 성경은 하나님의 감동으로 된 것으로 교훈과 책망과 바르게 함과 의로 교육하기에 유익하니 이는 하나님의 사람으로 온전하게 하며 모든 선한 일을 행할 능력을 갖추게 하려 함이라"(딤후 3:15-17).

지난 수십 년간 성경의 영감과 관련해 큰 싸움이 있었습니다. 이 싸움과 무관한 분들도 계시겠지만, 자유주의 성향의 교파에서는 분명 많은 싸움을 치렀을 것입니다. 성경을 위한 싸움을 말입니다!

그런데 문제가 있습니다. 성경의 영감을 믿는다 해도, 아직 반밖에 싸우지 않은 것입니다. 대개 "성경은 하나님이 영감으로 되었는가? 성경은 오류가 없는 하나님의 말씀인가?"만을 묻고 답하기 때문입니다. 그러나 실제적으로 답해야 할 중요한 질문은 이것입니다.

정말 성경으로 충분한가?
아니면 교회를 운영하는 데
소위 사회 과학과 문화 연구를
모두 들여와야 하는가?

이것이 중요한 질문입니다! 제 생각에, 사회 과학은 우리도 모르게 하나님의 말씀보다 더 우선시 되고 있습니다. 사회 과학이 우리의 교회와 전도와 선교학에 대단히 깊게 침

투한 탓에, 이제는 우리가 하는 일을 '기독교적'이라 말할 수도 없습니다. 보십시오! 심리학, 인류학, 사회학이 교회에 미치는 영향이 얼마나 큽니까!

제가 신학교에 다닐 때 한 교수님이 강의실에 들어와 칠판에 발자국을 그리기 시작했습니다. 그는 발자국들이 칠판을 가로지르도록 그린 후 우리를 돌아보며 이렇게 말했습니다. "아리스토텔레스가 이 학교의 복도를 누비고 있다. 주의하라. 그의 발자국 소리가 사도 바울과 그와 함께하던 신령한 무리의 발자국 소리, 심지어는 우리 주 예수 그리스도의 발자국 소리보다 더 분명하게 들린다."

우리는 하나님의 사람이 교회 생활의 어떤 영역들을 다룰 수는 있지만, 정말 어려운 일에 부딪히면 세상의 전문가를 찾아가야 한다고 믿게 되었습니다. 철저히 거짓입니다!

성경은 이렇게 말합니다.

"이는 하나님의 사람으로 온전하게 하며 모든 선한 일을 행할 능력을 갖추게 하려 함이라"(딤후 3:17).

우리는 필요한 모든 것을
성경에서 충분히 얻을 수 있습니다!

로마와 예루살렘이 무슨 상관입니까? 이 모든 현대 사회 과학이 우리와 무슨 상관입니까? 이것들은 실제로 하나님의 말씀에 대항하려고 만들어진 것입니다! 왜 전도와 선교와 소위 교회 성장이 성경보다는 사회학자나 고고학자, 문화적 추세에 정통한 경영학자의 영향을 받아야 합니까?

모든 교회 활동은 성경을 기반으로 해야 합니다!
모든 선교 활동 역시 성경 위에 서야 합니다!

선교 활동, 교회 활동 그리고 우리가 하는 모든 일들은 성경을 펴고 오직 한 가지 질문을 하는 사람, 곧 "오 하나님, 무엇이 당신의 뜻입니까?"를 묻는 신학자와 성경학자로부터 흘러나와야 합니다.

세상 사람들에게 어떤 교회에 다니고 싶은지 묻는 설문지를 그만 돌리십시오! 물론 교회는 진실로 교회를 찾는 사람들에게 열려 있어야 합니다. 그러나 분명히 알 것은, 교회를 진실로 찾는 분은 오직 한 분뿐이며, 그분의 이름은 하나님입니다! 마음을 열고 누군가를 받아들이기 원하십니까? 그렇다면 하나님과 그분의 영광을 받아들이십시오. 다른 모든 사람에게 거절을 당할지라도!

우리는 제국을 건설하기 위해 부르심을 받은 것이 아닙니다. 사람들의 인정을 받기 위해 부르심을 받은 것도 아닙니다. 우리는 하나님을 영화롭게 하기 위해 부르심을 받았습니다! 만일 우리가 바라는 교회가 구별된 백성의 모임, 즉 하늘의 하나님께 속함으로 거룩함이 나타나는 사람들의 모임이 아니라면(딛 2:14, 벧전 2:9), 우리는 하나님이 원하시는 교회를 바라는 것이 아닙니다.

이사야서를 봅시다. "어떤 사람이 너희에게 말하기를 주절거리며 속살거리는 신접한 자와 마술사에게 물으라 하거든"(사 8:19). 이는 사회학자와 교회 성장 전문가에 대한 좋은 묘사입니다. 그들의 모든 주요 이론은 2~3년에 한 번씩 바뀝니다. 인간이 무엇이며 어떻게 인간을 바로잡을 수 있는지, 교회가 무엇이고 어떻게 교회를 성장시킬 수 있는지 계속 새로운 아이디어와 유행이 쏟아져 나옵니다. 얼마 전, 가장 유명한 교회 성장 전문가가 그의 모든 이론이 전적으로 틀렸다고 말했습니다. 그런데 그는 사람들을 상한 심령과 눈물과 기도의 무릎으로 성경으로 돌아가게 하는 대신 다른 사람이 만든 이론을 받아들였습니다!

이사야 선지자는 이렇게 말합니다.

"백성이 자기 하나님께 구할 것이 아니냐 산 자를 위하여 죽은 자에게 구하겠느냐 하라 마땅히 율법과 증거의 말씀을 따를지니 그들이 말하는 바가 이 말씀에 맞지 아니하면 그들이 정녕 아침 빛을 보지 못하고"(사 8:19-20).

참된 교인으로서, 설교자로서, 목회자로서 그리고 그리스도인으로서 우리가 밖으로 나가 영적으로 죽은 자들과 상담해야 하겠습니까?

성령님이 살리신 이들이 아니라 말입니다!

그럴 수 없습니다! 절대로!

2

하나님에 대한 무지

"알지 못하던 시대에는 하나님이 간과하셨거니와 이제는 어디든지 사람에게 다 명하사 회개하라 하셨으니"(행 17:30).

때때로 저는 여러 곳에서 하나님의 속성에 대해 설교해 달라는 부탁을 받습니다. 그러면 저는 이렇게 답하고는 합니다. "글쎄요, 충분히 생각하고 내리신 결정인가요?"

그러면 그분들이 묻습니다. "충분히 생각하고 내린 결정이냐니, 무슨 뜻입니까?"

"글쎄요, 부탁하신 주제가 꽤 논란의 여지가 있어서요."

"논란의 여지가 있다니 무슨 말씀이세요? 하나님에 대해 설교해 달라는 것인데요. 우리는 그리스도인입니다. 설교를 하실 곳은 교회고요. 왜 문제가 된다는 말씀이시죠?"

그러면 저는 이렇게 대답합니다.

"목사님, 잘 생각해 보십시오. 제가 하나님의 공의와 하나님의 주권, 하나님의 진노, 하나님의 초월성, 하나님의 영광에 대해 설교하면, 가장 훌륭하고 오래 출석한 교인 중 몇몇이 일어나 이렇게 말할 것입니다. '그런 하나님은 나의 하나님이 아닙니다! 나는 그런 하나님을 결코 사랑할 수 없습니다!' 왜냐하면 그들에게는 자신이 만든 하나님이 있고, 스스로 만든 그것을 사랑하고 섬기기 때문입니다."

하나님의 말씀을 봅시다.

"여호와께서 이와 같이 말씀하시되 지혜로운 자는 그의 지혜를 자랑하지 말라 용사는 그의 용맹을 자랑하지 말라 부자는 그의 부함을 자랑하지 말라 자랑하는 자는 이것으로 자랑할지니 곧 명철하여 나를 아는 것과"(렘 9:23-24).

"네가 이 일을 행하여도 내가 잠잠하였더니 네가 나를 너와 같은 줄로 생각하였도다 그러나 내가 너를 책망하여 네 죄를 네 눈 앞에 낱낱이 드러내리라 하시는도다 하나님을 잊어버린 너희여 이제 이를 생각하라 그렇지 아니하면 내가 너희를 찢으리니 건질 자 없으리라"(시 50:21-22).

성경은 무엇이 문제라고 말합니까?
바로 하나님을 모르는 것이 문제입니다!
많은 사람들이 이렇게 생각합니다. '하나님의 속성을 알고 신학을 아는 것은 어떤 상아탑을 쌓는 데 의미가 있지, 실제적인 적용을 위한 것은 전혀 아니야.' 여러분도 그렇게 생각하십니까? 하나님을 아는 지식이 실제로 적용될 수 없다니요!

기독교 서점마다 자기계발서가 가득한 이유를 아십니까? 사람들이 하나님을 모르기 때문입니다! 그들은 양을 억지로 끌고 가듯 자신을 걷게 하기 위해 온갖 종류의 쓸데없는 육신적인 장치가 필요한 것입니다.

고린도전서 15장 34절 말씀을 보십시오. "깨어 의를 행하고 죄를 짓지 말라 하나님을 알지 못하는 자가 있기로 내가 너희를 부끄럽게 하기 위하여 말하노라." 하나님의 백성 가운데 죄악이 만연한 이유가 무엇이라고요?

하나님을 아는 지식이 부족하기 때문입니다!
바로 하나님을!

하나님의 속성에 대해 설교하는 집회에 마지막으로 참석한 것이 언제입니까?

목회자 여러분께 묻습니다. 여러 달 시간을 들여 하나님이 누구신지 마지막으로 가르쳤던 때가 언제입니까? 오늘날 교회에서 매주 가르치는 내용 중 하나님이 누구신지와 관련된 부분은 얼마나 됩니까!

흐름을 따라가는 것, 그저 다른 사람들을 따라가기란 참 쉽습니다. 그런데 어느 날 하나님의 속성에 대해 듣게 됩니다. 그리고 문득 언제 마지막으로 하나님의 속성에 대한 가르침을 들었는지 기억조차 나지 않는다는 사실을 깨닫습니다. 대부분 이런 실정입니다. 그러니 지금 우리가 이런 모습인 것은 너무도 당연합니다!

하나님을 아는 것, 그것이 전부입니다!
하나님을 아는 것이 영생입니다!
영생은 영광의 문을 통과할 때 시작하는 것이 아닙니다!
영생은 회심과 함께 시작됩니다!
영생은 하나님을 아는 것입니다!

솔직히 대답해 보십시오. 영원히 황금 길을 걷게 되리라는 생각에 전율을 느끼십니까? 우리가 영생에 들어갈 때 정신을 붙들 수 있다면, 그것은 무한한 영광 가운데 계신 하나님이 거기에 계시기 때문입니다. 우리는 하나님을 추구하고 찾으면서 영원의 영원을 보낼 것입니다! 그럼에도 우리의 팔은 결코 그분의 산기슭조차 미치지 못할 것입니다.

지금 시작하십시오!

알고 싶은 것, 하고 싶은 것이 많습니까? 읽고 싶은 책이 많다고요? 하나님에 대한 책부터 꺼내십시오. 바로 성경을 말입니다! 그리고 공부하십시오. 그래서 하나님을 아십시오. 참되고 살아계신 하나님을 아십시오!

이런 모든 이유 때문에 저는 차라리 주일 아침 예배가 없는 편이 낫겠다고 말하고 싶습니다. 주일 아침이야말로 일주일 중 가장 큰 우상 숭배의 시간이기 때문입니다. 그때 교회에 모인 대다수는 유일하신 참 하나님을 예배하는 것이 아니라, 육신의 정욕과 사탄적인 장치와 세상 지식을 이용해 자기 마음에서 만든 신을 숭배합니다. 그들은 자신의 형상을 따라 신을 만들었는데, 그 신은 여호와 하나님보다는 산타클로스를 더 닮았습니다!

우리에게 주님을 두려워하는 마음이 없을 수밖에 없습니다. 주님에 대한 지식이 없으니 말입니다!

3

사람들의 죄를 지적하지 않음

"기록된 바 의인은 없나니 하나도 없으며 깨닫는 자도 없고 하나님을 찾는 자도 없고 다 치우쳐 함께 무익하게 되고 선을 행하는 자는 없나니 하나도 없도다"(롬 3:10-12).

저는 성경에서 로마서를 가장 좋아합니다. 로마서가 조직신학은 아니지만, 성경 중에 가장 조직신학 같은 책을 찾는다면 로마서를 들 것입니다. 놀랍게도 이 책에서 바울은 단 한 가지를 위해 처음 세 장을 할애하는데, 바로 모든 사람을 정죄에 이르게 하는 것입니다.

모든 사람을 정죄하는 것!

그러나 바울의 신학에서 정죄가 가장 위대한 최고의 선은 아닙니다. 최종 목표도 아닙니다. 정죄는 구원을 가져다주는 수단일 뿐입니다.

사람은 자기 자신에 대해 알아야만
하나님께 항복하기 때문입니다.
타락한 인간이 지니는 모든 육신의 소망을
절대적으로 끊어야만
비로소 하나님께 나아갈 수 있습니다.

이 사실은 모든 일에서 중요하지만, 특히 전도에서 중요합니다.

제가 설교자로 막 부르심을 받은 21세 때 켄터키 퍼두커에 있는 오래된 양복점에 갔습니다. 그 양복점은 60년 가까이 목사들에게 양복을 반값에 팔고 있었지요. 그때 문이 열리더니 나이 지긋한 노인이 들어왔습니다. 저는 그가 누구인지 몰랐지만, 그는 저를 똑바로 쳐다보고 이렇게 말했습니다. "자네, 설교자로 부르심을 받았구먼, 안 그런가?"

제가 대답했습니다. "네, 그렇습니다."

그는 연륜 깊은 복음 전도자였습니다. 그가 말했습니다.

"저기 밖에 있는 건물이 보이는가?"

"네, 보입니다."

"나는 저기서 설교하고는 했지. 하나님의 영이 임하시면 영혼들이 구원을 받고는 했어."

"어르신, 조금 더 말씀해 주십시오."

"그때의 전도는 오늘날과 같지 않았네! 우리는 2~3주 동안 설교를 했지만, 죄인 영접 초청은 하지 않았어! 우리는 성령님이 역사하셔서 사람들의 마음을 꺾으실 때까지 그들의 마음을 갈아엎고, 갈아엎고, 또 갈아엎었지!"

제가 물었습니다.

"어르신, 하나님의 영이 그들의 마음을 꺾으러 오셨는지 어떻게 알 수 있었습니까?"

"글쎄, 예를 하나 들지. 수십 년 전 양복을 사러 이 가게에 온 적이 있네. 누가 내게 30달러를 주면서 '목사님, 내일 양복 하나 장만하세요.' 하더군. 그래서 이 문을 열고 들어서는데, 젊은 점원이 나를 보며 소리치지 않겠나. '누가 저와 같은 악인을 구할 수 있겠습니까!' 그때 나는 하나님의 영이 그곳에 임하신 것을 알았지!"

오늘날 수많은 목사들은 교회 사무실에서 사람들과 대화를 나누고는 그들에게 탐색 질문을 세 가지 정도 던진 후, 예수님을 마음에 초청하기 원하는지 묻습니다. 그렇게 수많은 사람들을 두 배는 더 지옥의 자식들로 만듭니다! 가짜 복음 주의자들이 내뱉은 종교적인 거짓말 때문에 이들은 다시는 복음에 마음을 열지 않을 것입니다.

죄를 피상적으로 다루십니까?
그것은 성령을 대적하는 일입니다!

성경은 이렇게 말합니다.

"그가 와서 죄에 대하여…… 세상을 책망하시리라"(요 16:8).

오늘날 많은 유명한 목사들이 우리의 영원한 생명보다는 '지금 우리에게 최고의 삶'을 주는 데 관심을 기울입니다. 그들은 자신이 설교에서 죄를 언급하지 않는다는 사실조차 망각하고 있습니다.

성령님은 그들의 사역 가운데
아무 일도 하지 않으실 것입니다.
아니, 그들의 사역을 거슬러 일하실 것입니다!
왜 그렇습니까?
사람이 죄를 다루는 사역을 하지 않는다면,
반드시 성령님이 하실 것이기 때문입니다!

세상에 오셔서 죄를 책망하시는 것이 성령님의 주된 사역입니다. 사람들의 타락한 상태를 구체적으로, 열정적으로,

사랑으로 다루지 않는다면, 성령님은 우리 주변에 전혀 거하지 않으실 것입니다.

사람들의 병폐를 가볍게 다루는 것은 예레미야 시대 거짓 선지자들의 행태입니다. "그들이 내 백성의 상처를 가볍게 여기면서 말하기를 평강하다 평강하다 하나 평강이 없도다"(렘 6:14). 이런 일을 행하는 자는 속이는 자일 뿐 아니라 부도덕한 자입니다. 환자가 싫어하고 화를 낼까 봐, 슬퍼할까 봐 나쁜 소식을 말하지 않음으로써 히포크라테스 선서를 어기는 의사와 같습니다! 그래서 그 의사는 환자의 생명을 구하는 데 가장 필요한 소식을 전하지 않는 것입니다!

이렇게 말하는 설교자들이 있습니다. "아닙니다, 아니에요, 폴 형제님. 전혀 이해를 못 하시는군요. 우리는 조지 휫필드나 조나단 에드워즈[1]의 시대와는 다른 문화에 살고 있어요. 우리는 그 시대 사람들처럼 원기가 왕성하고 활발하지 못합니다. 우리는 지쳤고, 연약하고, 자존감도 낮아요. 우리는 그런 설교를 감당할 수 없습니다."

---

[1] 조나단 에드워즈(1703-1758)는 미국 회중 교회 목사이며 복음적인 신학자이다. 조지 휫필드와 함께 대각성을 일으킨 설교자로 매우 유명하다.

그 시대를 연구해 보고 이렇게 말하는 것입니까? 그들의 문화도 그들의 설교를 감당할 수 없었습니다!

복음 설교를 감당할 수 있는 사람은 아무도 없습니다!
복음을 듣는 사람은 맹렬하게 복음을 대적하든지,
아니면 회심할 것입니다!

그리고 자존감에 대해 이야기해 봅시다. 지금 이 세상에는 자존감이라는 혐오스러운 병폐가 넘쳐 납니다. 우리의 가장 큰 문제는 자존감이 낮은 것이 아닙니다. 오히려 우리 자신을 하나님보다 더 존중한다는 것입니다!

죄에 대해 충분히 말하지 않는다면, 우리는 도둑입니다.

질문 하나 하지요. 오늘 아침, 하늘에 있던 별은 모두 어디로 갔습니까? 우주 거인이 모두 따서 바구니에 담아 가져갔습니까? 모든 별이 아침에 어디로 사라진 것입니까? 별들은 모두 그 자리에 있습니다. 단지 우리가 보지 못하게 되었을 뿐입니다. 그러나 칠흑 같은 밤이 되면, 별들은 그 영광의 풍성함 가운데 나타날 것입니다.

> 인간의 근본적인 타락에 대해 가르치기를 거부한다면,
> 하나님과 그리스도, 그리고 주의 십자가를
> 영화롭게 하기란 불가능합니다.
> 예수 그리스도의 십자가 영광은
> 인간의 부패를 배경으로 할 때
> 가장 찬란하게 드러나기 때문입니다!

누가복음에 나오는 한 여인은 죄 사함을 많이 받았기에 그리스도를 많이 사랑했습니다(눅 7:47). 그 여인은 자신이 얼마나 악한 사람인지 알았기에 자신이 얼마나 많은 용서를 받았는지 알았습니다.

그러나 우리는 사람들에게 그들의 악함을 말하기를 두려워합니다. 그래서 그들은 결코 하나님을 사랑할 수 없게 됩니다. 자기 자신이 아닌 "주 안에서 자랑할"(고후 10:17) 기회를 우리는 그들에게서 **빼앗고** 있는 것입니다.

예수 그리스도의 복음에 대한 무지

"우리가 아직 죄인 되었을 때에 그리스도께서 우리를 위하여 죽으심으로 하나님께서 우리에 대한 자기의 사랑을 확증하셨느니라 그러면 이제 우리가 그의 피로 말미암아 의롭다 하심을 받았으니 더욱 그로 말미암아 진노하심에서 구원을 받을 것이니"(롬 5:8-9).

저는 오늘날 미국과 다른 서방 국가들이 복음 위에 굳게

서지 않았다고 말씀드립니다. 우리는 실로 복음에 무지한데, 우리의 설교자 대부분이 복음에 무지하기 때문입니다. 이 나라의 병폐는 진보적인 정치인이나 사회주의, 할리우드나 그 밖의 무엇도 아닙니다.

이 나라의 병폐는 소위 복음주의 목사들과 설교자들
그리고 이 시대의 전도자들입니다.
바로 여기에 병폐가 있습니다.
우리는 복음을 모릅니다!

우리는 복된 하나님의 영광스러운 복음을 가져다가 '사영리' 혹은 '하나님이 우리가 알기 원하시는 5가지' 등으로 축소하고 형식적인 짧은 기도로 마무리합니다. 누구든지 진지하게 이 기도를 따라하면 그가 거듭났다고 선언합니다. 로마 가톨릭 교황처럼 말입니다! 우리는 중생에 대한 성경적인 교리를 단순한 결단주의[1]와 맞바꾸었습니다.

---

[1] 결단주의는, 교회에서 회중 앞에 나가는 식으로 믿음을 보여 주거나 죄인의 기도를 드리기로 결심하면, 자기 죄를 뉘우치고 오직 그리스도만을 신뢰하는 것으로 간주되어 죄 사함을 받을 수 있다는 신념이다.

제가 복음에 대해 설교하면, 30~40년 신앙생활을 한 많은 신실한 신자들이 눈물을 흘리며 찾아와 이렇게 말합니다. "그동안 살면서 이런 이야기는 처음 들었습니다." 정말 놀랍지 않습니까? 다른 것도 아닌 복음을 말입니다! 복음은 구속과 화목의 역사적인 교리[2]입니다.

이 문제를 분명히 집고 갑시다. 복음은 '하나님의 속성'에서 시작해 '인간의 속성과 타락'에 이릅니다. 복음의 이 두 큰 기둥은 모든 신자의 마음에 새겨져야 할 '위대한 딜레마'를 제시합니다! 그 딜레마란 무엇입니까? 성경 전체가 다루는 가장 심각한 문제는 이것입니다.

하나님이 공의로우시다면
우리의 죄를 용서하실 수 없습니다!

하나님은 공의로우신 분인데 어떻게 악인을 의롭다 하실 수 있겠습니까! 성경을 보십시오. 잠언은 말합니다. "악인

---

[2] 구속은 그리스도께서 하나님이 택하신 자들을 대신해 죗값을 지불하는 방법으로 그분의 공로를 통해 죄인을 죄로부터 구출하는 것을 말한다. 화목은 유화, 즉 하나님의 진노를 돌이키는 속죄제물을 말한다.

을 의롭다 하고 의인을 악하다 하는 이 두 사람은 다 여호와께 미움을 받느니라"(잠 17:15). 그런데 그리스도인들이 부르는 찬양을 들으면 대부분 하나님이 악인을 어떻게 의롭다 하시는지 자랑하지 않습니까!

이것이 우리의 가장 크고 심각한 문제입니다. 이것이 기독교 신앙에서 가장 높고 위대한 아크로폴리스[3]입니다! 마틴 로이드존스, 찰스 스펄전의 설교 및 로마서 3장을 제대로 이해한 사람은 모두 여기에 동의합니다. 설교자는 이 사실을 사람들에게 알려야 합니다!

하나님은 참으로 공의로우시고 인간은 참으로 악한데, 하나님이 공의로우시려면 악한 자를 반드시 정죄하셔야만 합니다! 이것은 인간에게 큰 문제입니다!

그러나 하나님은 자신의 영광을 위하여
우리를 사랑하신 그 큰 사랑 때문에
자신의 아들 예수 그리스도를 이 땅에 보내셨고

---

[3] '가장 높은 도시'라는 뜻의 헬라어로, 일반적으로 언덕 위에 세워진 고대 그리스의 요새를 말한다.

예수님은 이 땅에서 완전한 사람으로 사셨습니다.
그리고 주 예수님은 하나님의 영원한 계획에 따라
갈보리의 그 나무로 나아가셨습니다.

그리고 그 나무 위에서 우리의 죄를 담당하셨습니다.
우리의 죄책을 대신 지고 저주가 되셨습니다!

"누구든지 율법 책에 기록된 대로 모든 일을 항상 행하지 아니하는 자는 저주 아래에 있는 자라 하였음이라"(갈 3:10).

"그리스도께서 우리를 위하여 저주를 받은 바 되사 율법의 저주에서 우리를 속량하셨으니"(갈 3:13).

많은 사람들이 복음에 대해 이런 낭만적이고 무능력한 견해를 가집니다. 아들이신 그리스도께서 로마 제국의 박해 가운데 나무에 달려 고통을 당하시자 하나님께서는 차마 이를 볼 도덕적 용기가 없어서 얼굴을 돌리셨다는 것입니다.
그렇지 않습니다!

하나님은 자신의 아들이 죄가 되셨기 때문에
얼굴을 돌리셨습니다.

그 아들은 죄를 알지도 못하는데 말입니다.

마찬가지로 사람들은, 겟세마네 동산에서 "이 잔을 내게서 지나가게 하옵소서"(마 26:39)라고 부르짖으신 그리스도를 보고는, "글쎄, 그 잔이란 무엇일까? 아, 로마의 십자가와 채찍과 못이구나! 이 모든 고통이 그 잔이구나!"라고 추측합니다. 저는 그리스도께서 십자가에서 겪으신 육체적 고통을 폄하하려는 것이 아닙니다. 그러나 그 잔은 아버지께서 아들에게 부으셔야 했던 진노의 잔입니다!

누군가는 하나님의 공의에 의해
하나님의 백성의 죄책을 지고
하나님께 버림을 받고
하나님의 진노 아래 짓밟혀 죽어야 했습니다.
하나님은 그에게 상함 받게 하기를 기뻐하셨습니다(사 53:10).

언젠가 독일에 있는 신학교를 방문했다가 『그리스도의 십자가』(*The Cross of Christ*)[4]라는 책을 보았는데, 이런 내용이 있었습니다. "성부 하나님은 그의 아들이 사람들의 손에 의해 고통당하는 것을 하늘에서 내려다보시며 그것을 우리 죄에 대한 대가로 여기셨다." 이것은 이단입니다!

그리스도께서 당하신 육체의 고난과 나무에 못 박히심은 모두 하나님의 진노의 일부입니다. 물론 이는 피의 희생이어야 했습니다. 저는 그것을 깎아내리지 않습니다. 그러나 여러분, 여기서 멈춘다면 복음이 없는 것입니다.

오늘날 복음 설교와 개인 전도에서 하나님의 공의와 진노에 대해 들어본 적 있습니까? 거의 없을 것입니다!

그리스도께서는 하나님의 공의 아래 짓밟히셨기에
죄인들을 구속하실 수 있었습니다.

사랑하는 아들의 죽음으로
하나님의 공의가 만족되었기 때문에

---

[4] 존 스토트가 쓴 유명한 책을 말하는 것은 아니다.

하나님은 의로우신 동시에
죄인들을 의롭다 하실 수 있습니다!

그러나 이 사실이 분명하게 제시되지 않습니다.

이것이 아니라면 모두 복음을 축소한 것입니다. 자신이 전하는 복음에 능력이 없어 의아하십니까? 무엇이 문제인지 모르겠다고요? 제가 답해 드리지요. 진짜 복음을 뒤로 숨겼기 때문입니다! 사람들은 자신이 복음이라 생각하는 메시지를 전하고는 능력이 나타나지 않으면, 오늘날 사람들을 개종시킨다고 알려진, 널리 사용되는 모든 작은 속임수를 동원합니다. 그러나 그 무엇도 효력이 없습니다!

수년 전 신학대학원을 졸업하며 저는 박사 학위를 위해 계속 공부해야 할지 결정해야 했습니다. 하나님은 저의 영적인 삶을 붙드시고자 저를 페루의 밀림으로 보내셨습니다. 거기서 저는 무언가 깨닫기 시작했습니다. 스펄전은 이렇게 말했습니다. "나보다 더 위대한 생각을 가진 위대한 사람들이 재림 교리에 접근했지만 아무 소용이 없었다. 이는 대단히 중요하고도 강한 교훈이다." 그리고 이렇게 결론을 내렸습니다. "나는 이 한 가지에 나를 바치겠다. 바로 예수 그리스도와 그분이 십자가에 못 박히신 일을 충분히 이해하는 일에 말이다!"

그리스도의 영광스러운 복음을 마치 기독교 입문자를 위한 10분 과정처럼 다루고 다른 내용으로 넘어가다니요! 제가 분노하지 않을 수 있겠습니까! 여기서 하나님을 아는 우리의 지식이 얼마나 형편없는지 잘 드러납니다.

형제자매 여러분, 재림에 대한 모든 것은 재림의 날에 완벽하게 이해할 것입니다. 그러나 갈보리 하나님의 영광은 하늘에서 영원의 영원을 살며 비로소 이해하기 시작할 것입니다!

젊은이여, 젊은 설교자여! 부탁하건대 이 말을 들으십시오! 십자가의 진리를 취하십시오! 그것이 무엇을 의미하는지 붙드십시오! 그리스도께서 십자가에서 행하신 일이 무엇인지 눈곱만큼이라도 깨닫는다면, 향로에 다른 불을 넣을 필요나 바람은 갖지 않을 것입니다!

이미 여러 차례 전한 내용이지만 다시 말하고 싶습니다. 아브라함은 그 산으로 이삭을 데리고 갔습니다. 그의 아들,

그의 유일한 아들, 그가 사랑하는 아들을 데리고 말입니다. 여기서 성령님이 미래에 있을 어떤 사건을 말씀하시려는 것 같은 느낌이 드십니까?

아들은 반항하지 않고 조용히 누웠습니다. 그 아버지는 하나님의 뜻에 굴복해 자기 아들의 심장을 찌르고자 돌칼을 들었습니다. 그러나 하나님이 그의 손을 멈추셨고, 그 노인은 하나님이 양을 준비하셨다는 말을 들었습니다. 많은 그리스도인이 여기서 "오, 이 이야기의 결말이 얼마나 아름다운가!" 하고 말합니다. 그러나 이것은 이야기의 끝이 아닙니다. 이것은 막간입니다.

수천 년 후 성부 하나님은 그가 사랑하는 아들, 유일한 아들의 눈을 손으로 가리시고는 아브라함의 손에서 그 돌칼을 취해 가장 큰 진노 아래 자신의 독생자를 죽이셨습니다.

이제 여러분이 전한 복음에 왜 아무런 능력이 없는지 아시겠습니까?

그것은 복음이 아니기 때문입니다!
복음으로 돌아가십시오!

기도의 삶을 사십시오!

사람들의 가르침에서 벗어나십시오!

십자가를 공부하십시오!

지금까지 말한 이 현상들은 모두 중생 교리에 무지한 결과입니다.

저는 칼빈주의자와 알미니안주의자에 대해 압니다. 그 중간에 온갖 이상한 견해들이 있는 것도 압니다.[5] 저는 스스로를 별 다섯 개짜리 스펄전주의자라 부를 만큼 그쪽에 치우치기는 했지만, 이렇게 말하고 싶습니다. 중요한 것은 칼빈주의가 아닙니다.

중요한 것은 중생입니다! 그러기에 저는 웨슬리와 레이븐힐, 토저와 같은 사람들과 교제할 수 있습니다! 다른 문제들

---

[5] 칼빈주의자는, 프랑스에서 태어난 스위스 종교 개혁자 존 칼빈(1509-1564)의 사상을 따르는 자들을 말한다. 그들은 성경이 성경의 최고 권위와 하나님의 주권, 예정, 은혜의 교리를 가르친다고 믿는다. 이러한 교리들은 알미니안주의자의 항의에 대한 도르트 총회(1618-1619)의 대응이었다. 알미니안주의자는, 네덜란드 아우드바터에서 태어난 화란 신학자 야코부스 알미니우스(1560-1609)의 추종자들을 말한다. 알미니우스는 종교개혁자들이 주장하는 예정설을 부인했다. 알미니안주의자는 하나님의 각 개인에 대한 예정은 그들이 자유의지로 그리스도를 영접할지 또는 거절할지에 대한 예지를 근거로 한다고 가르친다.

에 대해 그들이 어떤 입장을 가졌든, 그들은 저와 마찬가지로 구원은 설교자에 의해 조작될 수 없으며, 구원은 오직 전능하신 하나님의 놀라운 역사라고 믿기 때문입니다! 그러기에 저는 그들과 같은 편에 서서 중생에는 하나님의 역사가 필요하다고 주장할 수 있습니다.

온 우주 및 세상을 창조하신 하나님의 역사보다 인간을 거듭나게 하시는 성령님의 역사에서 하나님의 능력이 더욱 크게 나타납니다. 세상은 무에서 창조되었지만, 중생한 사람은 부패한 죄 덩어리에서 재창조되었기 때문입니다! 이것은 우리 구세주께서 죽음에서 부활하신 사건과 평행하는 것입니다.

설교와 관련해 다양한 은사를 가진 사람들, 곧 교사들, 설교자들, 주석가들이 있습니다. 그들 모두가 교회의 유익을 위해 대단히 필요합니다. 그러나 이 한 가지를 반드시 아셔야 합니다. 캠벨 몰간[6]은 사역 말기 그의 교회 건물에 있는 장엄한 단상에 오를 때 "도수장으로 끌려 가는 어린 양과 털

---

[6] 캠벨 몰간(1863-1945)은 영국 복음주의 설교자이며 학자로, 영국 웨스트민스터 채플의 목사였는데, 마틴 로이드존스가 그의 뒤를 이었다.

깎는 자 앞에서 잠잠한 양 같이"(사 53:7)라는 말씀을 암송했습니다. 사람을 중생하게 하시는 성령님의 장엄한 역사가 나타나지 않는다면, 그가 하는 모든 말이 헛된 것을 알았기 때문입니다!

성령님이 생명을 주십니다(요 6:63)!

그런 의미에서 우리는 '선지자로서' 하나님의 말씀의 진리를 선포해야 합니다! 무슨 뜻입니까? 마른 뼈가 가득한 골짜기에 선 에스겔과 같아야 한다는 뜻입니다! 그 뼈들은 매우 메말랐습니다(겔 37:1-20). 우리는 그 골짜기로 걸어 들어갑니다. 그리고 무엇을 합니까? 우리는 예언합니다. "주의 말씀을 들으라!"고 외칩니다.

그러나 우리는 압니다.

하나님의 생기가 불어오지 않는다면,
죽은 뼈들은 다시 일어설 수 없습니다!

이 사실을 충분히 이해한다면,

복음주의를 빙자해 오늘날 행해지는 속임수에

더는 마음을 빼앗기지 않을 것입니다.

그 대신 하나님의 말씀을 선포할 것입니다!

조지 휫필드를 생각해 봅시다. 그 당시 모든 사람이 자신을 그리스도인, 심지어는 철저한 그리스도인이라 믿었습니다. 왜입니까? 유아 세례를 받음으로 언약 가운데 들어왔고 또 입교했기 때문입니다. 그러나 그들은 마귀처럼 살았습니다! 당시 중생은 종교 지도자들이 권위를 부여한 간단한 신조주의[7]와 맞바꾸어졌습니다.

웨슬리 형제와 휫필드는 사람들에게 외쳤습니다. "아닙니다. 여러분은 거듭나지 않았습니다! 여러분에게는 영적인 생명이 있다는 증거가 없습니다! 스스로를 점검하십시오, 믿음 안에 있는지 시험하십시오(고후 13:5), 부르심과 택하심

---

[7] 신조주의는 변화된 마음 및 구원하는 믿음 없이, 그리고 하나님을 향한 참된 사랑이 없이 단지 외적으로만 형식적인 신조나 믿음의 고백을 따르는 것을 말한다.

을 굳게 하십시오(벧후 1:10). 여러분은 반드시 거듭나야 합니다(요 3:7)!"

현대의 잘못된 복음주의로 인해 지난 수십 년간 '거듭남'에 대한 바른 이해가 철저히 사라졌습니다. 이제는 어떤 사람이 전도 집회에 참석해 단 한 번 어떤 결단을 내리고 그 결정이 진심이라고 생각된다면, 그는 거듭난 사람으로 간주됩니다. 그렇지만 그의 삶에는 성령님의 초자연적인 재창조의 증거가 전혀 없습니다. 그러나 "그리스도 안에 있으면" "누구든지"(어떤 특정한 사람만이 아니라) "새로운 피조물"입니다(고후 5:17).

우리도 휫필드와 웨슬리 형제가 치른 것과 동일한 싸움을 직면하고 있습니다. 어떤 싸움입니까? 오늘날 우리의 문제는 유아 세례가 아닙니다. 교회의 권위에 의해 입교하는 '고교회'도 아닙니다.

우리가 직면한 문제는 '죄인의 기도'입니다.
죄인의 기도,
이것이 제가 전쟁을 선포한 대상입니다.

죄인의 기도는 오늘날 그것을 따르는 자들의 금송아지입니다. 죄인의 기도는 지구상 그 무엇보다도 더 많은 사람들을 지옥으로 보냈습니다.

제 말이 심하다고 생각되십니까? 그렇다면 이렇게 묻겠습니다. 그런 식으로 전도하는 사람이 성경 어디에 나옵니까? 찾아서 보여 주십시오. 이스라엘 땅에 오신 예수님께서 "때가 찼고 하나님 나라가 가까이 왔으니 자, 누가 나를 마음속으로 영접하고 싶으냐? 아, 저기 손을 든 사람이 보이는구나!"라고 말씀하셨습니까?

아닙니다! 그리스도께서는 "때가 찼고 하나님 나라가 가까이 왔으니 회개하고 복음을 믿으라"(막 1:15)고 말씀하셨습니다!

오늘날 사람들은 자신이 삶 가운데 적어도 한 번은 죄인의 기도를 드렸다는 사실을 의지합니다. 그때 누군가가 "진심으로 죄인의 기도를 드렸으니 당신은 구원을 받았습니다."라고 말했겠지요. 그들은 "당신은 구원을 받았습니까?"라는 질문에 "네, 그렇습니다. 저는 예수 그리스도만을 바라보며, 제 삶에는 제가 거듭났다는 강력한 증거들이 있습니다."라고 대답하지 못합니다. 절대 그렇게 하지 못합니다! 그들은 대신 이렇게 말합니다. "저는 죄인의 기도를 드린 적이 있습니다." 그리고 과거에 단 한 번 죄인의 기도를 드린 적이 있는 그들은 지금 불경건한 삶을 살고 있습니다!

저는 어떤 복음 전도자가 한 사람을 구슬려 죄인의 기도를 드리게 하는 것을 보았습니다. 그 사람이 불편함을 느끼자 복음 전도자는 "자, 그러면 이렇게 합시다. 제가 당신을 위해 하나님께 기도할 테니, 그 기도가 당신이 하나님께 드리기 원하는 기도라면, 제 손을 꽉 쥐십시오."

이것이 하나님의 능력입니까? 이것은 결단주의라는 우상일 뿐입니다! 사람들은 자신이 진심으로 결단했으니 천국에 갈 것이라 생각합니다. 그런데 고린도 교회에 간 바울이 무엇이라 말했습니까? "보십시오. 여러분은 그리스도인처럼 살고 있지 않습니다. 그러니 죄인의 기도를 드린 그 순간으로 돌아갑시다. 그때 여러분이 진심이었는지 확인합시다."라고 말했습니까? 아닙니다! 그는 "너희는 믿음 안에 있는가 너희 자신을 시험하고 너희 자신을 확증하라"(고후 13:5)고 말했습니다!

구원은 오직 믿음으로 얻습니다!
구원은 하나님의 역사입니다.
구원은 은혜 위의 은혜로서, 오직 은혜입니다!

그리고 회심의 증거는
우리가 회심하는 순간에 가진 어떤 진심이 아닙니다.
우리 삶에 지속적으로 맺히는 열매입니다!

여러분이 살아온 모습을 보십시오! 열매로 그 나무를 안다고 했습니다(마 7:20)! 오늘날 미국인의 60~70퍼센트는 자신이 회심했으며 거듭났다고 생각합니다. 그러나 미국에서는 하루에 수천 명의 태아가 죽임을 당하고 있으며, 미국은 그 부도덕함 때문에 전 세계의 미움을 받고 있습니다. 그러나 여전히 많은 사람이 자신을 그리스도인이라 생각합니다. 저는 이 문제의 책임이 전적으로 설교자들에게 있다고 생각합니다.

비성경적인 복음 초청

"때가 찼고 하나님의 나라가 가까이 왔으니 회개하고 복음을 믿으라"
(막 1:15).

오늘날 우리는 비성경적으로 복음을 제시하는 것을 어디에서나 볼 수 있습니다. 칼빈주의자든 알미니안주의자든 너무 많은 설교자들이 공통적으로 동일하게 피상적인 복음 초청을 합니다. 그들은 많은 것에 대해 많은 말을 하고는 초청하는 단계로 나아가는데, 마치 모두 이성을 잃은 것 같습니다. 그들은 누군가에게 다가가 이렇게 말합니다. "하나님은 당신을 사랑하시며, 당신의 인생을 위한 멋진 계획을 갖고 계십니다."

당신이 미국인에게 나가가 이렇게 말했다고 합시다.

"선생님, 하나님은 당신을 사랑하시며, 당신의 인생을 위한 멋진 계획을 갖고 계십니다."

그러면 그는 이렇게 대답할 것입니다.

"하나님이 저를 사랑하신다고요? 와! 멋지네요. 저도 저를 사랑하거든요! 하나님이 저를 위해 멋진 계획을 갖고 계시다니, 저도 그래요! 저도 제 인생에 대한 멋진 계획이 있어요! 그분을 제 삶에 받아들이기만 하면 이제 최고의 삶을 살겠네요, 와!"

이것은 성경적인 전도가 아닙니다.

그 대신 다른 것을 말씀 드리겠습니다. 하나님은 모세에게 이렇게 말씀하셨습니다.

"여호와라 여호와라 자비롭고 은혜롭고 노하기를 더디하고 인자와 진실이 많은 하나님이라 인자를 천대까지 베풀며 악과 과실과 죄를 용서하리라 그러나 벌을 면제하지는 아니하고 아버지의 악행을 자손 삼사 대까지 보응하리라"(출 34:6-7).

그때 모세의 반응은 어떠했습니까?

"모세가 급히 땅에 엎드려 경배하며"(8절).

전도는 하나님의 속성을 전하는 데서 시작합니다.
"하나님은 누구이신가?" 하는 것에서 말입니다.
자신을 비교할 기준이 없다면 사람이 자신의 죄를 어떻게 알겠습니까? 우리가 그저 하나님에 대해 사소한 것들만 말하며 사람의 육에 속한 마음[1]만 긁어 준다면, 그가 참된 회개와 믿음으로 나아가겠습니까?
우리는 "하나님이 당신을 사랑하시며 놀라운 계획을 갖고 계십니다."로 시작해서는 안 됩니다.

---

1) 즉, 신령한 그리스도인에게 저촉되는 육신에 속한 마음 및 회심하지 못한 마음을 말한다.

우리는 하나님이 어떤 분이신지
충분히 알려 주는 것에서 시작해야 합니다.
예수님을 따르면 생명을 희생할 수도 있다고
처음부터 말해 주어야 합니다(마 16:24).

아무튼 우리는 하나님의 놀라운 계획과 같은 말로 시작한 다음, 이런 얄팍한 질문으로 상대를 탐색합니다. "이봐요, 자신이 죄인인 것을 알고 있지요, 안 그런가요?" 이는 마치 암으로 죽어 가는 환자에게 의사가 해맑게 다가가 "이봐요, 바바라. 당신 암에 걸린 것 알고 있지요, 안 그런가요?"라고 말하는 것과 같습니다.

우리는 죄 문제를 너무 피상적으로 다룹니다. 진지함도, 엄숙함도 없습니다! 우리는 대신 이렇게 말해야 합니다. "선생님, 선생님께서는 심각한 병폐가 있습니다. 그리고 곧 심판이 다가올 것입니다."

"자신이 죄인인 것을 알고 있습니까?"라는 질문은 듣는 사람의 마음을 찌르지 못합니다. 마귀에게 가서 "네가 죄인인 것을 아느냐?"라고 물어보십시오. 그럼, 이렇게 대답할 것입니다. "글쎄, 그렇지. 나는 죄인이야. 보기에 따라 대단히 좋은 존재일 수도, 대단히 나쁜 존재일 수도 있지만……. 그래, 맞아. 나는 내가 죄인이라는 걸 알아."

우리가 정말로 해야 할 질문은 이것입니다.

"성령님이 복음을 통해 당신 마음 가운데 역사하셔서
이제 당신의 마음이 변했습니까?
그래서 당신이 좋아하던 죄가 이제는 싫어지고,
당신이 사랑하던 죄로부터 이제는
큰 뱀을 피하듯 도망치고 싶습니까?"

죄인임을 묻는 얄팍한 질문 다음에 이어지는 질문은 이것입니다. "당신은 천국에 가고 싶습니까?"

바로 이 때문에 저는 교회에서 열리는 98퍼센트의 주일학교 및 여름 성경학교에 자녀들을 보내지 않습니다. 거기에 가면 예수님에 대한 영화를 보여 주고는, 한 사람이 일어나 좋은 의도로 이렇게 묻습니다.

"예수님은 참 좋은 분이지요?"

아이들이 대답합니다.

"네!"

"우리 친구들 중에 누가 예수님을 사랑하나요?"

"저요, 저요!"

"우리 예수님을 마음에 영접하고 싶은 친구 있나요?"

"저요, 저요!"

그리고 아이들은 세례를 받습니다! 잘 교육받은 아이들은 한동안은 그리스도인처럼 보입니다. 그 아이들은 기독교 문화 혹은 적어도 교회 문화 속에서 자라게 됩니다. 그러나 자기 뜻이 확고해지는 십 대가 되면 그 끈을 끊고 죄 가운데 살기 시작합니다. 우리는 그들을 따라다니며 이렇게 말합니다. "너는 그리스도인이야. 그런데 그리스도인처럼 살지 않는구나! 어서 죄악을 멈추렴."

그 대신 우리는 보다 성경적으로 이렇게 말해야 합니다.

"너는 그리스도를 믿는다고 고백했지.
세례까지 받으면서 주를 시인했지만,
지금은 주님을 저버린 것 같구나!

네 자신을 점검해라! 네 자신을 시험하렴!
네게는 참된 회심의 증거가 전혀 없구나!"

그들은 대학을 마친 후, 또는 서른 즈음에 교회로 돌아와 '자신의 삶을 재헌신합니다.' 그리고 미국 교회를 둘러싼 거짓 기독교 윤리에 곧바로 편입됩니다. 그러나 그들은 마지막 날에 이 말을 들을 것입니다.

"내가 너희를 도무지 알지 못하니 불법을 행하는 자들아 내게서 떠나가라"(마 7:23).

제 말이 너무 가혹합니까? 제가 너무 교만하고 필요 이상으로 화를 내는 것 같습니까? 하지만 제가 어찌 의로운 분을 참을 수 있겠습니까! 사랑 가운데 진리를 말하는 것이 가혹한 일입니까? 거짓 소망을 폭로하는 것이 교만한 일입니까? 누군가는 부흥을 위해 부르짖어야 합니다! 그러나 우리는 올바른 기초조차 갖고 있지 않습니다! 오, 부흥이 임하여 우리의 기초를 바르게 닦아 주기를! 멀쩡한 눈과 귀가 있고 성경이 있는 한 우리는 복음 초청에 관한 이 문제를 반드시 고쳐야 합니다!

천국에 가고 싶으십니까? 형제자매 여러분, 정신이 똑바로 박힌 사람이라면 누구나 천국에 가고 싶어 합니다. 다만 그들은 천국에 하나님이 계시지 않기를 바랍니다! 질문은 이렇게 바뀌어야 합니다.

"당신은 하나님을 원하십니까?
이제 하나님을 사랑하십니까?
그리스도가 당신에게 소중합니까?
그리스도를 원하십니까!"

천국을 바라느냐는 그런 질문은 선거철 쏟아지는 정책과 별다를 바 없습니다. 모든 사람은 천국을 원합니다! 하지만 하나님을 싫어합니다. 그러므로 질문은 "당신은 더는 아픔이 없고 원하는 모든 것을 얻을 수 있는 특별한 곳에 가기 원하십니까?"가 아닌, "당신은 하나님을 원하십니까? 그리스도가 당신에게 소중한 분입니까?"가 되어야 합니다.

우리는 종종 이런 대화로 죄인의 기도를 유도합니다.

"당신은 천국에 가고 싶습니까?"

"네, 물론입니다."

"그렇다면 저와 함께 기도하며 예수님을 마음에 영접하지 않으시겠습니까?"

분명히 말하지만, 이 방법으로 구원을 얻는 사람이 있습니다. 그러나 이 방법 때문에 구원을 얻은 것이 아닙니다. 이러한 방법에도 불구하고 구원을 얻은 것입니다!

그 대신 우리는 이렇게 질문해야 합니다.

"당신은 예수 그리스도를 원하십니까? 당신의 죄를 아십니까?"

"오, 그럼요. 네, 그렇습니다."

"그렇다면 회개가 무엇인지 알려 주는 성경 구절들을 함께 봅시다. 성령님이 이러한 증거들을 당신의 삶에 나타내고 계십니까? 당신의 심령이 부서졌습니까? 당신이 생각했던 모든 것이 다 무너졌습니까? 이제 당신의 마음이 하나님에 대한 새로운 생각으로 채워졌습니까? 당신의 마음이 새로운 소욕과 새로운 소망으로 채워졌습니까?"

"네, 그렇습니다."

"그렇다면 그것이 회개의 첫 열매일 것입니다. 이제 자신을 그리스도께 의탁하십시오. 그분을 의지하십시오. 그분을 신뢰하십시오!"

설교자 여러분, 우리는 복음을 전할 권세가 있습니다.
어떻게 구원을 얻는지 전할 권세가 있으며,
구원의 확신을 위한
성경적인 원칙들을 가르칠 권세가 있습니다.
그러나 사람들이 구원을 받았다고 말할 권한은 없습니다!
그것은 성령님의 사역입니다!

그러나 수많은 설교자가 사람들에게 이러한 얄팍한 의식을 치르게 합니다.

"당신은 예수님을 마음에 영접했습니까?"

"네."

"진심으로 예수님을 영접했습니까?"

"네."

"그렇다면 구원을 받았습니까?"

"잘 모르겠습니다."

여기서 거짓 설교자는 이렇게 말합니다.

"물론 당신은 구원을 받았습니다. 당신은 주님을 진심으로 영접했고, 주님은 그분을 영접하는 자 안에 거하겠다고 약속하셨기 때문입니다."

그렇게 5분짜리 상담이 끝나면, 설교자는 점심을 먹으러 가고, 그 사람은 여전히 잃어버려진 채로 남겨진 상태입니다! 이것은 비성경적인 초청이며 비성경적인 구원의 확신입니다. 만일 그가 자신의 구원을 의심하면, 거짓 설교자는 처음으로 돌아가 동일한 과정을 반복합니다.

"당신은 예수님을 영접하는 기도를 드린 적 있습니까?"

"네."

"그때 진심으로 영접했습니까?"

"그런 것 같습니다."

"그렇다면 마귀가 당신을 의심하게 하는 것입니다."

이후로 그가 영적인 성장 없이 살아가더라도, 심지어 교회 생활과 동시에 세속적인 삶을 계속 유지하더라도, 우리는 그에 대해 의심도 없고 두려움도 없고 질문도 없습니다. 그저 개인적인 제자 훈련의 결핍으로 치부합니다. 혹은 '육에 속한 그리스도인'이라는 교리로 설명해 버립니다.

'육에 속한 그리스도인'이라는 개념은 우리의 생각보다 훨씬 더 많은 삶을 무너뜨렸고, 훨씬 더 많은 사람을 지옥으로 보냈습니다. 생각해 봅시다.

> 그리스도인은 죄와 씨름합니까? 그렇습니다.
> 그리스도인이 죄에 빠질 수 있습니까? 물론입니다.
> 그렇다면 그리스도인이 평생 아무런 열매 없이
> 계속해서 육에 속한 채로 살 수 있습니까?
> 그래도 참된 그리스도인일 수 있습니까?
> 절대 불가능합니다!

아니라면 신약의 보존 언약에 대한 구약의 모든 약속은 실패한 것입니다. 또한 하나님이 징계하신다는 히브리서 말씀은 모두 거짓이 됩니다(히 12:6). 나무는 그 열매로 알 수 있습니다(눅 6:44).

저는 하나님의 일에 대해 많이 아는 설교자들을 보아 왔습니다. 그런데 그들은 여전히 전형적인 복음 제시를 한 후 비성경적인 방법으로 **빠집니다**.

여기서 저의 삶 가운데 그리스도인으로서 가장 소중한 순간 하나를 나누려고 합니다.

그때 저는 알래스카에서 겨우 30킬로미터 떨어진 캐나다의 한 마을에서 설교하고 있었습니다. 그 마을은 실제로 사람보다 회색 곰이 더 많았습니다! 제가 설교했던 곳은 20명 정도 수용할 수 있는 작은 교회였습니다. 제가 설교단에 섰을 때 60대 혹은 70대 초반 정도의 덩치 큰 남자가 들어왔습니다.

저는 그의 얼굴을 보고는 준비한 다른 내용을 다 생략하고 복음을 전하기 시작했습니다. 그는 제가 만난 사람 중 가장 슬픈 얼굴을 하고 있었습니다. 저는 그저 복음을, 계속 복음을 전했습니다. 그리고 설교를 마친 후 곧바로 그에게 다가가 물었습니다.

"무슨 문제가 있으신가요? 선생님의 영혼을 괴롭히는 것이 무엇입니까?"

그는 제가 그때까지 본 적 없는 슬픈 얼굴로 서류 봉투를 하나 내밀었습니다. 그 안에는 제가 이해할 수 없는 엑스레이 사진들이 있었습니다. 그가 말했습니다.

"방금 의사를 만나고 왔습니다. 제가 3주 안에 죽을 거라고 하더군요."

그리고 이렇게 말했습니다.

"저는 평생 가축 목장에서 일하며 살았습니다. 그곳은 수상 비행기나 말을 타고 산을 넘어야 갈 수 있는 곳이지요. 저는 단 한 번도 교회에 가 보지 못했습니다. 성경을 읽어 본 적도 없습니다. 저는 하나님이 계시다고 믿습니다. 누군가가 예수라는 사람에 대해 이야기한 것을 들은 적은 있습니다. 저는 제 인생에 무엇을 두려워한 적이 없는데, 지금은 너무나 두렵습니다."

제가 물었습니다.

"선생님, 제가 전한 복음을 이해하셨습니까?

"네."

이제 많은 설교자들은 이렇게 물을 것입니다.

"그렇다면 예수님을 마음에 영접하고 싶으십니까?"

저는 이렇게 물었습니다.

"선생님, 복음을 이해하셨나요?"

"네, 그렇습니다. 하지만 그게 전부인가요? 어린아이라도 이해했을 것입니다. 제가 복음을 이해하는 것이 전부입니까? 아니면 무슨 기도 같은 것을 해야 하나요?"

제가 대답했습니다.

"선생님은 3주 안에 죽을 것입니다. 그리고 저는 내일 떠나야 합니다. 하지만 비행기 표를 취소하고 여기 있겠습니다. 그러면서 선생님이 회심하든 또는 죽어서 지옥에 가든 그때까지 성경과 씨름하면서 선생님과 함께 하나님께 부르짖겠습니다."

그렇게 우리는 시작했습니다. 저는 구약과 신약을 넘나들며 구속과 구원에 관한 하나님의 약속을 여러 번 반복해 다루었습니다. 그리스도께서 그 안에 형성되시도록 수고하며 요한복음 3장 16절을 읽고, 기도하고, 하나님께 부르짖고, 회개와 믿음과 확신에 관해 질문했습니다.

마침내 그날 저녁, 우리는 많이 지쳐 있었습니다. 어떤 돌파구도, 아무것도 없었습니다. 저는 말했습니다.

"선생님, 함께 기도합시다."

우리는 기도했습니다. 제가 다시 말했습니다.

"선생님, 요한복음 3장 16절을 읽으십시오."

그가 말했습니다.

"우리는 그 구절을 수천 번은 읽었습니다!"

"압니다. 그러나 그 구절이 구원과 관련한 가장 위대한 약속 중 하나입니다. 다시 그 구절을 읽으십시오."

저는 그다음에 일어난 일을 결코 잊지 못할 것입니다. 그는 큰 손으로 제 성경을 자신의 무릎에 올려놓고는 "알았습니다."라고 말하고 성경을 읽기 시작했습니다.

"하나님이 세상을 이처럼 사랑하사 독생자를 주셨으니……."

그는 멈추더니 중얼거렸습니다.

"나는 구원받았다……."

그리고 크게 외쳤습니다!

"폴 형제님, 저는 구원받았습니다! 저의 모든 죄가 사라졌습니다! 저는 영생을 얻었습니다! 저는 구원받았어요!"

제가 물었습니다.

"선생님, 그것을 어떻게 아십니까?"

"형제님! 이 구절을 읽어 본 적 없으신가요!"

무슨 일이 일어난 것입니까? 성령님이 일하신 것입니다! 사람들이 시도하는 그런 얄팍한 속임수가 아닙니다!

설교를 마쳤으니 밥이나 먹으러 가자고요? 말도 안 되는 소리!

설교 후가 바로 일이 시작되는 때입니다!
그때가 영혼이 다루어지는 때입니다!

사람들은 상담을 해서는 안 되는 사람들과 상담을 하려고 앞으로 나아옵니다. 5분 후 그들은 죄인의 기도를 하고 새 신자 카드에 서명합니다. 그 카드는 설교를 마친 목사에게 신속하게 전해지고, 목사는 이렇게 말합니다.

"여러분께 소개할 하나님의 새 자녀가 있습니다. 이제 하나님의 가족이 되었으니 큰 박수로 환영해 주십시오."

감히! 어떻게 감히 이렇게 말할 수 있습니까! 구원을 두고 사람이 이런 장난을 치다니요!

그를 소개하고 싶다면, 이렇게 말할 수는 있습니다.

"이 사람은 오늘 예수 그리스도를 믿는다고 고백했습니다. 우리는 하나님을 경외하고 영혼을 사랑하는 사람으로서, 그 안에 그리스도가 참으로 형성되었는지, 그가 회개와 믿음을 참으로 성경적으로 이해했는지, 그가 성령님의 역사로 큰 확신과 기쁨을 얻었는지, 이것이 분명해시기까지 함께 수고할 것입니다. 이것이 우리가 이제 할 일입니다."

현대 기독교가 무엇을 하는지 보십시오. 이것은 어떤 이상한 사교 집단에서 일어나는 일이 아닙니다! 바로 우리의 행태입니다! 현대 복음주의가 정상이라고 여기는 것들입니다! 제발 부탁드립니다! 그 일을 멈추십시오! 제발!

교회의 본질에 대한 무지

"너로 하여금 하나님의 집에서 어떻게 행하여야 할지를 알게 하려 함이니 이 집은 살아 계신 하나님의 교회요 진리의 기둥과 터니라"(딤전 3:15).

하나님은 이 땅에 오직 하나의 종교 기관만을 세우셨습니다. 바로 교회입니다. 이 땅에서 우리의 궁극적인 목표, 그리고 부흥의 궁극적인 결실은 성경적인 교회를 세우는 것입니다.

오늘날 지역 교회가 무시되는 현실에 저는 큰 두려움을 느낍니다. 사람들에게 자신을 국제적인 사역을 하는 순회 설교자라고 소개해 보십시오. 모두 고개를 숙일 것입니다. 그러나 30명 정도 모이는 교회의 목사라고 소개한다면, 사람들은 여러분을 실패자로 여길 것입니다. 기억할 것은 예수 그리스도께서는 목사들의 왕이십니다. 순회 설교자들의 왕이 아니십니다.

수년 전 빌 클린턴은 대통령 선거 기간에 이런 구호를 내세웠습니다. '중요한 건 경제다, 이 바보들아!' 그때 제가 모셨던 목사님은 우리 교회 장로이시면서 주 교사이셨는데, 어느 날 제게 말씀하셨습니다.

"폴 형제, 티셔츠를 좀 많이 제작하고 싶은데요."

"어떤 티셔츠를 말씀이세요?"

"티셔츠에 이렇게 적고 싶어요. '중요한 건 교회다, 이 바보들아!'"

예수님은 그분의 교회를 위해 자신의 생명을 주셨습니다.
아름답고 순전하고 흠 없는 그 교회를 위해 말입니다.
만일 여러분이 어떤 사역에 삶을 바치고 싶다면
신자들의 몸인 교회,
즉 지역 교회에, 특정한 교회에 바치십시오.
중요한 것은 교회입니다!

주의하여 들으십시오. 교회 신자들 중에 '남은 자들'이란 없습니다. 남은 자에 대한 신학을 들어보셨을 것입니다. 곧 이스라엘 역사 전체를 볼 때 어떤 의미에서 이스라엘 국가를 하나님의 백성이라 할 수 있지만, 또한 그들 가운데 참된 신자로 구성된 남은 자들이 존재한다는 것입니다. 그러나 이 개념은 교회에 적용되지 않습니다. 신자들 가운데 남은 자들이란 따로 없으며, 교회라는 큰 무리 안에 신자들의 작은 무리가 있는 것도 아닙니다. 참 신자들이 교회이며 남은 자들입니다.

저는 신학자들, 순회 교사들 그리고 목사들이 이런 신성 모독적 발언을 하는 것을 듣습니다. "교회 안에는 교회 밖

만큼이나 죄가 많습니다. 교회 밖처럼 이혼이 많고, 부도덕과 음행이 많습니다." 그리고 이렇게 말합니다. "교회는 창녀처럼 굴고 있습니다." 주의하십시오. 예수 그리스도의 신부를 창녀라고 불러서는 안 됩니다.

무엇이 문제인지 말씀드리겠습니다. 문제는 목사들과 설교자들이 교회가 무엇인지 실제로 모른다는 것입니다!

이 나라에 있는 예수 그리스도의 교회는 아름답습니다.
교회는 때때로 부서질 듯 연약합니다.
교회는 완벽하지 않으며, 많은 풍파를 겪습니다.
그러나 교회는 상한 심령 가운데
겸손히 하나님과 동행하고 있습니다.
우리는 교회가 무엇인지 모릅니다!
이것이 우리의 문제입니다!

오늘날 성경적인 설교가 부족한 탓에, 소위 교회 안에는 기독교인이라 불리는 세속적이고 사악한 사람들이 가득합니다. 양들 사이에 있는 염소들 때문에, 염소들이 행하는 모든 악한 일로 인해 양들이 비난을 받습니다. 그래서 하나님의 이름이 이방인들 사이에서 모독을 당합니다(롬 2:24)!

주께서 예레미야를 통해 하신 말씀을 들으십시오.

"여호와의 말씀이니라 보라 날이 이르리니 내가 이스라엘 집과 유다 집에 새 언약을 맺으리라 이 언약은 내가 그들의 조상들의 손을 잡고 애굽 땅에서 인도하여 내던 날에 맺은 것과 같지 아니할 것은 내가 그들의 남편이 되었어도 그들이 내 언약을 깨뜨렸음이라 여호와의 말씀이니라 그러나 그 날 후에 내가 이스라엘 집과 맺을 언약은 이러하니 곧 내가 나의 법을 그들의 속에 두며 그들의 마음에 기록하여 나는 그들의 하나님이 되고 그들은 내 백성이 될 것이라 여호와의 말씀이니라 그들이 다시는 각기 이웃과 형제를 가르쳐 이르기를 너는 여호와를 알라 하지 아니하리니 이는 작은 자로부터 큰 자까지 다 나를 알기 때문이라 내가 그들의 악행을 사하고 다시는 그 죄를 기억하지 아니하리라 여호와의 말씀이니라"(렘 31:31-34).

저는 이 본문에서 이스라엘에 대한 그 어떤 부분도 제하고 싶지 않습니다. 그러나 이 본문은 교회에도 적용됩니다. 저는 종말론에 관한 논쟁에서 빠지려는 것이 아닙니다. 다만 이 구절이 신약 성경에서 하나님의 백성에게 적용된다는 점을 말하려는 것입니다.

저는 설교자들이 이렇게 말하는 것을 듣습니다. "이스라엘 역사를 보면, 우상을 숭배하는 한 무리의 불경건한 백성들을 보게 되는데, 그들 중에는 소수의 참된 신자인 남은 자들이 있었습니다." 맞는 말입니다. 하지만 이 말을 신약 시대 교회에 적용해서는 안 됩니다. 하나님이 새 언약을 주셨는데, 이 언약은 그 조상들에게 주셨던 것과 달리 그분의 법을 그들의 속에 두기 때문입니다!

회심하셨습니까?
그렇다면 하나님은 당신에게
돌판에 적힌 율법을 주신 것이 아닙니다.
주님은 초자연적으로 중생의 사건을 통해
당신의 마음에 그분의 율법을 쓰셨습니다!

그렇게 하셨기에 "나는 그들의 하나님이 되고 그들은 내 백성이 될 것이라"(33절)고 말씀하신 것입니다. "그들이 다시는 각기 이웃과 형제를 가르쳐 이르기를 너는 여호와를 알라 하지 아니하리니 이는 작은 자로부터 큰 자까지 다 나를 알기 때문이라 내가 그들의 악행을 사하고 다시는 그 죄를 기억하지 아니하리라"(34절)고 말씀하신 것입니다.

이것이 중생의 사건이며 중생의 교리입니다! 하나님은 지난 이천 년 동안 이러한 새 일을 하셨으며, 지금도 하고 계십니다!

이 나라에는 교회가 많지 않습니다. 멋진 벽돌 건물과 정교하게 손질된 잔디밭이 많을 뿐입니다. 누군가가 자신이 교회에 속해 있고 그리스도인이라 말한다 해서 실제로 그런 것은 아닙니다.

하나님이 하시는 말씀을 들어보십시오. 그들은 서로를 가르칠 필요가 없습니다! 물론 교사와 설교자가 필요 없다는 뜻은 아닙니다. 다만 신자들에게는 모두 하나님을 아는 지식이 뚜렷할 것이며, 특히 그들은 자신의 죄악이 용서받았다는 사실을 분명히 알 것이라는 뜻입니다.

예레미야 32장 38-40절을 좀 더 살펴보겠습니다.

"그들은 내 백성이 되겠고 나는 그들의 하나님이 될 것이며 내가 그들에게 한 마음과 한 길을 주어 자기들과 자기 후손의 복을 위하여 항상 나를 경외하게 하고 내가 그들에게 복을 주기 위하여 그들을 떠나지 아니하리라 하는 영원한 언약을 그들에게 세우고 나를 경외함을 그들의 마음에 두어 나를 떠나지 않게 하고."

하나님은 "만일, 내가 바라는 대로 된다면, 운이 좋다면, 나와 함께 일할 선교사를 충분히 구한다면, 어쩌면, 이렇게 될 것이다."라고 말씀하지 않으셨습니다. 주님은 "내가 나를 위해 한 백성을 내게로 이끌겠다. 내가 그 백성을 나의 아들에게 줄 것이다."라고 말씀하셨습니다. 그리고 "그들은 내 백성이 될 것이며 나는 그들의 하나님이 될 것이다."라고 말씀하셨습니다.

주님은 이어서 "내가 그들에게 한 마음과 한 길을 주겠다."고 말씀하셨습니다. 하나님의 생각은 우리의 생각과 다릅니다. 1970~80년대 많은 사람이 "교회는 분열되었다. 교회는 하나가 아니다."라고 울부짖으며 '예수 행진'을 했습니다. 그러나 만일 교회가 하나가 아니라면, 새 언약은 실패한 것입니다. 또한 하나님께서 그 아들이 하신 기도를 성취하지 않으셨다는 뜻입니다.

"거룩하신 아버지여 내게 주신 아버지의 이름으로 그들을 보전하사 우리와 같이 그들도 하나가 되게 하옵소서…… 내가 비옵는 것은 이 사람들만 위함이 아니요 또 그들의 말로 말미암아 나를 믿는 사람들도 위함이니 아버지여, 아버지께서 내 안에, 내가 아버지 안에 있는 것 같이 그들도 다 하나가 되어 우리 안에 있게 하사 세상으로 아버지께서 나를 보내신 것을 믿게 하옵소서 내게 주신 영광을 내가 그들에게 주었사오니 이는 우리가 하나가 된 것 같이 그들도 하나가 되게 하려 함이니이다"(요 17:11, 20-22).

참 교회는 하나라고 말씀드립니다.
교회는 언제나 하나였습니다.

비행기 안에서 혹은 마트에서 모르는 사람과 대화해 본 적 있으실 겁니다. 참된 그리스도인이요 진정한 복음 전도자로서 그 사람과 몇 분 정도 대화를 나누는데 "아! 이 사람은 살아 있는 신자구나! 진짜 그리스도인이야!" 하고 깨달은 적 있으실 겁니다. 그리고 그 순간 그를 위해 생명이라도 줄 수 있을 것 같은 마음이 드셨을 겁니다.

오래전, 친구인 파코와 함께 페루의 산악지대를 방문했는데, 당시 페루는 내란 중이었습니다. 우리는 검은 방수포로 덮힌 곡물 트럭 뒤에 앉아 22시간을 달리다 자정 즈음에 멈추었습니다. 우리는 방수포를 벗기고 트럭에서 뛰어내려 정글로 들어갔습니다. 그날 밤 정글 끝자락에 닿은 우리는 산 위에 있는 작은 마을을 향해 올라갔습니다. 반 정도 갔을까, 파코와 저는 어둠 속에서 길을 잃은 것을 깨달았습니다. 우리는 기도하기 시작했습니다.

"오, 하나님. 길을 잃었습니다. 길을 보여 주십시오. 테러리스트들에게 발견된다면, 군인들이 우리를 찾지도 못할 것입니다."

우리는 계속 부르짖었습니다.

"하나님. 어느 쪽으로 가야 합니까! 우리를 도와주소서!"

그때 종소리와 함께 어떤 말소리가 들려 왔습니다. 처음에는 다소 이상한 대화 같았는데, 가만 들으니 한 소년이 밭을 돌아 나오며 나귀에게 말을 거는 소리였습니다. 그 소년의 뒤를 따라가자 오두막과 황토벽으로 된 집들이 있는 작은 마을에 도착했습니다. 저는 말했습니다.

"파코, 테러리스트들이 이곳을 장악하고 있다면 우리는 죽은 것이나 마찬가지겠지."

그가 대답했습니다.

"그렇겠지. 그러나 이제 와서 어쩌겠나."

우리는 어두운 밤, 그 마을로 들어갔고 길에서 술 취한 남자를 만났습니다. 우리가 물었습니다.

"여기에 형제들이 있습니까?"

그 지역 사람들은 '형제'라는 말이 진정한 그리스도인을 가리킨다는 것을 모두 알았습니다. 술 취한 남자가 말했습니다.

"저쪽에 할머니가 살고 있소."

우리는 그 집으로 가 문을 두드렸습니다.

"우리는 복음을 전하는 목사들입니다. 도와주십시오!"

그 할머니는 등불을 들고 나오더니 나와 파코를 붙잡아 집 안으로 끌어당겼습니다. 그 집은 일종의 진흙 벼랑을 파서 만든 집이었는데, 할머니는 우리를 약간의 건초와 닭들이 있는 지하실로 데려가 그곳에 앉히고는 등불을 켰습니다. 그때 어린 소년이 들어왔습니다. 할머니가 소년에게 말했습니다.

"가서 다른 형제들을 데려오너라."

곧 여러 사람이 생명을 무릅쓰고 그 지하실에 모이기 시작했습니다. 닭고기와 다른 먹을거리들을 가지고 말입니다! 왜 그랬을까요?

교회는 하나이기 때문입니다!

교회는 엉성하고 죄로 가득합니다. 그러나 그렇다고 그리스도의 몸이 분열되었다고 말하는 그런 어리석은 일은 멈추어야 합니다! 그리스도의 신부를 그런 식으로 말하지 마십시오!

오늘날 우리가 수많은 회중 가운데 보는 것은 양들 사이에 있는 염소 떼들입니다(마 25:31-33). 성경적이고 자비로운 교회의 권징이 거의 실행되지 않기에 염소들이 양들 사이에 섞여 살며, 늑대들이 양들을 잡아먹고 있습니다. 이들 교회의 지도자들은 양들을 사랑하시는 주님 앞에 설 때 비싼 죗값을 치를 것입니다.

북미의 교회들은 대체로 민주주의 방식으로 운영됩니다. 저는 이에 대해 논쟁을 벌이고 싶지 않습니다. 그러나 생각해 보십시오. 복음이 거의 선포되지 않는 탓에 교회 대다수가 세속적인 불신자들로 이루어져 있습니다. 그리고 교회가 민주주의 방식으로 운영되기에 대체로 회심하지 않은 자들이 교회의 방향을 결정합니다. 전도와 진정한 회심에 대해 그릇된 인식을 가진 목사는 다수를 잃지 않고자 교회 안에 있는 악한 자들의 구미에 맞춰 줍니다.

그 결과 예수 그리스도께 속한 참된 양 떼들은 세속과 대중매체로 가득 찬 극장 같은 건물 가운데 앉아 부르짖게 됩니다! "우리는 예배하기 원합니다! 누군가 성경을 가르쳐 주십시오!"

이런 교회의 목사들은 그 끔찍한 상태에 대해 큰 대가를 치를 것입니다. 많은 목사들이 악한 무리를 모으려고 노력하는 동안 회중 가운데 있는 적은 무리의 양들은 굶어 죽고 있으며 원치 않는 방향으로 끌려가고 있습니다. 세속적인 다수가 가는 곳으로 말입니다!

만일 제 아내가 늦은 밤, 길에서 여러 사람에 성적으로 학대당하고 있는데, 당신이 그것을 보고도 모른 척했다면, 저는 그 불량배들을 찾아낼 뿐 아니라, 당신도 찾아낼 것입니다!

교회는 그리스도의 신부이며,
교회는 그분께 소중합니다!

그리스도께서는 교회에 관심이 크시며, 우리가 어떻게 교회를 바라고 대하는지 관심이 많으십니다.

교회를 사랑하시는 예수님을 섬기는 데는 희생이 필요합니다. 예수님을 섬기다가 우리의 목사직과 평판, 교단까지 잃을 수 있습니다. 사실 모든 것을 다 잃을 수 있습니다. 하지만 예수 그리스도의 신부를 위해서라면 그럴 만한 가치가 있습니다!

하나님은 "내가 그들에게 한 마음과 한 길을 주어"(렘 32:39)라고 말씀하셨습니다. 그 길은 무엇입니까? 바로 그리스도와 그분의 거룩입니다. 제가 만난 참된 신자들은 모두 그리스도께 관심이 많았습니다. 그들은 지금보다 더 거룩해지기 원했으며, 그리스도를 더욱 닮아가기 원했습니다.

주님은 분명하게 말씀하십니다.

"내가 그들에게 한 마음과 한 길을 주어 자기들과 자기 후손의 복을 위하여 항상 나를 경외하게 하고 내가 그들에게 복을 주기 위하여 그들을 떠나지 아니하리라 하는 영원한 언약을 그들에게 세우고"(렘 32:39-40).

너무도 많은 불신자들이 일요일에 교회에 앉아 구원받지 못한 상태에서 이 구절을 듣습니다. 그리고 이렇게 생각합니다. '그래, 하나님은 나와 영원한 언약을 맺으셨어. 그분은 결코 나를 버리지 않으셔. 절대! 나는 하나님의 은혜가 있으니 안전해!' 그러나 이들은 이 말씀의 후반부를 읽지 않습니다. 하나님은 이렇게 말씀하십니다.

"나를 경외함을 그들의 마음에 두어 나를 떠나지 않게 하고"
(40절).

하나님은 우리가 주님을 떠나지 않도록
우리 안에 하나님을 경외하는 마음을 두셨습니다.
이것이 하나님이 우리와
영원한 언약을 맺으셨다는 증거입니다!

어떤 사람이 주님을 떠났는데, 하나님이 그를 징계하지 않으시고, 그래서 그가 계속 주님을 떠나 있다면, 이는 그 안에 주님을 두려워하는 마음이 없다는 뜻입니다! 다시 말해 그는 중생하지 않았으며, 실제로 하나님은 그와 아무런 언약을 맺지 않으셨습니다!
이것이 성경이 말하는 진리입니다.

7

교회의 권징 부족

"형제들아 사람이 만일 무슨 범죄한 일이 드러나거든 신령한 너희는 온유한 심령으로 그러한 자를 바로잡고 너 자신을 살펴보아 너도 시험을 받을까 두려워하라"(갈 6:1).

마태복음 18장을 봅시다.

"네 형제가 죄를 범하거든 가서 너와 그 사람과만 상대하여 권고하라 만일 들으면 네가 네 형제를 얻은 것이요 만일 듣지 않거든 한두 사람을 데리고 가서 두세 증인의 입으로 말마다 확증하게 하라 만일 그들의 말도 듣지 않거든 교회에 말하고 교회의 말도 듣지 않거든 이방인과 세리와 같이 여기라"(15-17절).

오늘날 미국의 복음주의 목사 대부분이 마치 이 구절을 그들의 성경에서 찢어버린 것처럼 등한시합니다. 물론 그럴 수 없습니다! 우리는 성경 전체를 취하거나 아니면 전부를 거절해야 합니다. 많은 목사들이 신학교를 졸업하면서 신학을 뒤에 두고 나옵니다. 그들은 대화를 할 때나 사무실에 있을 때는 신학적이지만 거기서 나오면 세속적인 수단으로 교회를 운영합니다.

저는 우리 교회의 장로가 아니기에 자랑하지 않고 말할 수 있습니다. 제가 다니는 교회는 성경적 권징을 행합니다. 교인이 1천 명 정도 되는 큰 교회인데, 우리 교회 목사님들은 지난 수년간 사랑과 긍휼이 있는 교회의 권징을 통해 서른 가정을 구했다고 추정됩니다. 교회의 권징은 출교로 시작하지 않습니다. 권징은 "신령한 너희는 그러한 자를 바로잡으라"(참조, 갈 6:1)는 성경의 지시를 따라 시작합니다.

어떤 사람은 이렇게 말합니다. "우리는 교인들을 너무 사랑하기 때문에 권징을 행할 수 없습니다." 어떻게 생각하십니까? 여러분이 예수님보다 더 그들을 사랑한다고 생각하십니까? 권징을 하라고 명하신 분이 예수님입니다!

이렇게 말하는 사람도 있습니다. "오, 그러나 권징은 많은 문제를 일으킬 것입니다." 맞습니다. 정말입니다! 그러나 오늘날 교회가 세속과 별반 차이가 없는 것은 어쩌면 권징이 없기 때문입니다. 우리는 주변 문화와 너무도 싸우지 않고 있습니다!

그러나 주변 문화와 맞서 싸우라는 것은
할리우드로 가서 피켓 시위를 하라는 것이 아닙니다.
우리는 하나님께 순종함으로써
주변 문화와 맞서 싸워야 합니다!
노아는 방주를 지음으로 세상을 정죄했습니다.

우리는 피켓을 손에 들 필요가 없습니다.
다만 순종하십시오!
그러면 세상이 우리를 미워할 것입니다!

"네 형제가 죄를 범하거든 가서 너와 그 사람과만 상대하여 권고하라 만일 들으면 네가 네 형제를 얻은 것이요"(마 18:15). 얼마나 멋진 일입니까!

"만일 듣지 않거든 한두 사람을 데리고 가서 두세 증인의 입으로 말마다 확증하게 하라"(16절). 형제자매 여러분, 증인들은 우리의 편을 들기 위해 그곳에 있는 것이 아닙니다. 그들은 객관적으로 듣고 판단을 내릴 것입니다. 어쩌면 우리가 틀렸을 수 있습니다. 그 형제가 죄를 범한 것이 아닐 수 있습니다. 우리가 지나치게 비판적이고 율법적인지 누가 알겠습니까?

"만일 그들의 말도 듣지 않거든 교회에 말하고 교회의 말도 듣지 않거든 이방인과 세리와 같이 여기라"(17절). 다시 말해, 그 사람을 외부인이나 세금 걷으러 오는 사람처럼 대하라는 뜻입니다. 우리는 이 말씀을 마음에 새겨야 합니다.

우리는 하나님께 순종하며 자신을 훈련시키거나,
하나님이 우리를 징계하시도록 할 수 있습니다.
이미 주님이 징계하시는 때가 임했는지 모릅니다.

저는 비판적이고 율법적이고 증오가 가득한 사람들에 대해 말하는 것이 아닙니다. 이런 사람들은 얼마든지 있습니다. 그보다는 복음 전파의 중요성을 알기에, 자신의 삶을 던질 만큼 충분한 사랑이 있는 지도자, 목사, 장로들에 대해 말하는 것입니다. 이것은 단지 이 땅에서의 삶을 위한 일이 아닙니다! 영원이 달려 있으며, 영혼들의 구원이 달려 있습니다!

스펄전이나 휫필드, 청교도와 개혁주의자들이 남긴 책들을 읽어 보십시오. 대부분 복음을 다루고 있습니다! 이 책들은 복음이 무엇인지, 복음을 어떻게 전해야 하는지, 어떻게 사람들을 그리스도께 인도할 수 있는지, 참된 회심을 어떻게 분별하는지, 어떻게 영혼의 의사가 될 수 있는지 알려 줍니다. 그런데 우리는 어떻게 했습니까? 이 문제들을 가지고 로마로 갔습니다!

로마 가톨릭은 아기에게 세례를 베풀고 그를 '그리스도인'으로 선포합니다. 그 아기는 이제 로마 가톨릭에 속합니다. 그리고 다시는 그 아기의 회심 문제를 다루지 않습니다. 그들은 단지 온갖 세속적인 방법을 동원해 사람들을 교회 안에 붙들어 놓습니다!

많은 복음주의 목사들도 동일한 일을 합니다. 30분 가운데 25분은 우스개로 가득한 설교를 한 후, 사람들과 2~3분간 상담을 나누고, 짧은 기도를 합니다. 마지막 5분 동안 그물을 끌어당기는데, 그들과 잠시 대화를 나눈 뒤 그들이 구원받았다고 선언합니다. 그러면서 그 영혼들이 왜 성장하지 않는지 의아해하며 그들을 제자화 하려고 노력합니다!

저는 일대일 제자양육의 가치를 믿습니다. 그러나 교회는 일대일 제자양육 없이도 천 년 이상 잘 지내 왔습니다. 우리가 현재 제자양육이라 부르는 시스템과 오늘날 우리가 도움을 받는 수많은 교재들과 세미나가 이전에는 없었지만, 교회는 잘해 왔습니다.

생각해 보십시오. 일대일 제자양육은 1970년대 말부터 거대해져 오늘날까지 이어져 왔습니다. 그들은 "많은 사람이 교회 앞문으로 들어오는 만큼 뒷문으로 빠져나가고 있다. 우리가 그들을 제자화 하지 않았기 때문이다."라고 외칩니다. 그러나 그렇지 않습니다! 이런 일이 일어나는 이유는 사람들이 회심하지 않았기 때문입니다!

> 그리스도의 양들은 우리가 그들을 양육하든 말든
> 주님의 음성을 듣고 따릅니다.

사람들이 주님의 음성을 듣고 순종하지 않는 것은 그들이 아직 회심하지 않았기 때문입니다! 우리는 사람들을 제자로 양육해야 하지만, 제자양육이 없어서 사람들이 떠나는 것은 아닙니다.

"그들이 나간 것은 다 우리에게 속하지 아니함을 나타내려 함이니라"(요일 2:19).

그들은 참된 복음을 듣지 못했기에 "우리에게 속할" 기회를 갖지 못했습니다. 아무도 그들의 영혼을 다루지 않은 것입니다! 그러면서 우리는 염소가 양이 되기를 기대하며 염소들을 훈련시키는 데 막대한 비용을 씁니다. 우리는 염소가 양이 되게 할 수 없습니다. 오직 전능하신 하나님의 초자연적인 역사를 통해서만 염소는 양이 될 수 있습니다!

> 우리는 교회의 권징이 필요합니다.
> 이를 심각하게 여기는 장로들과 다른 지체들의
> 조심스러운 보살핌이 필요합니다.

만일 목사가 여러분께 다가가 "솔직히 저는 당신의 자녀가 회심하지 않은 것 같아서 기도하고 있습니다."라고 말한다면 어떻겠습니까? 분노하며 그 목사를 쫓아내려고 무리를 모을지 모릅니다. "아! 이 교회에 진실한 하나님의 사람이 있다니! 하나님을 찬양합니다!"라고 말하는 대신에 말입니다!

구별됨에 대한 침묵

"너희는 믿지 않는 자와 멍에를 함께 메지 말라 의와 불법이 어찌 함께 하며 빛과 어둠이 어찌 사귀며"(고후 6:14).

오늘날에는 거룩한 삶에 대한 진지한 가르침이 거의 없습니다. 물론 많은 사람들이 이렇게 말합니다. "거룩해집시다. 우리는 더욱 거룩해져야 합니다. 거룩을 위한 집회를 합시다!" 그러나 거룩이 무엇인지 구체적으로 알게 되면 모두 동요합니다. 히브리서 저자는 이렇게 말합니다.

"모든 사람과 더불어 화평함과 거룩함을 따르라 이것이 없이는 아무도 주를 보지 못하리라"(히 12:14).

이 구절을 믿습니까? 한 목사님은 제게 이렇게 말했습니다. "이것을 가르쳤더니 '행위' 구원을 가르친다고 비난을 하더군요!" 그러나 이 구절은 중생과 하나님의 섭리라는 원칙으로 돌아갑니다.

하나님이 어떤 사람을 참으로 회심시키셨다면,
하나님은 가르침과 축복과 권면과 징계를 통해
그 사람 안에서 계속 일하실 것입니다!
그리고 그분이 시작하신 일을 끝마치실 것입니다.

그래서 히브리서 저자는 "거룩함 없이는 아무도 주를 보지 못하리라."고 말한 것입니다!

우리가 거룩에 있어 전혀 성장하지 않는다면,
하나님이 우리 삶에 역사하지 않으신다는 뜻입니다.
하나님이 우리 삶 가운데 역사하지 않으신다면,
우리는 그분의 자녀가 아니라는 뜻입니다!

야곱과 에서의 차이를 보십시오. "내가 야곱은 사랑하고 에서는 미워하였다"(롬 9:13). 그러나 하나님은 둘 모두에게 약속을 지키셨습니다. 야곱도 복을 받고 에서도 복을 받았습니다. 그렇다면 하나님은 어떻게 에서를 향한 그분의 심판과 진노를, 야곱을 향한 그분의 사랑을 나타내셨습니까?

주님은 둘 다 멋대로 살도록 내버려 두셨습니다. 그러나 에서는 전혀 징계하지 않으셨습니다. 그를 교정하시는 하나님의 역사가 전혀 없었습니다. 그것이 에서를 향한 하나님의 진노였습니다! 그러나 야곱은 평생 동안 거의 매일 엄하게 훈련시키셨습니다. 이것이 야곱을 향한 하나님의 사랑입니다! 야곱이 거룩에 이르기까지 그를 바로잡으시는 사랑의 훈련입니다! 이러한 주님의 역사는 오늘날 참된 신자에게 동일하게 나타납니다!

더욱이 주님은 바울을 통해 이렇게 말씀하셨습니다.

"그러므로 형제들아 내가 하나님의 모든 자비하심으로 너희를 권하노니 너희 몸을 하나님이 기뻐하시는 거룩한 산 제물로 드리라 이는 너희가 드릴 영적 예배니라 너희는 이 세대를 본받지 말고 오직 마음을 새롭게 함으로 변화를 받아 하나님의 선하시고 기뻐하시고 온전하신 뜻이 무엇인지 분별하도록 하라"(롬 12:1-2).

바울은 "너희 몸을 바치라."고 말했습니다. 왜입니까? 제 생각에 이는 오늘날의 '초월 영성'(super-spirituality)을 허무는 말씀입니다. 많은 사람들이 이렇게 말합니다. "저는 예수님께 마음을 드렸습니다. 당신은 겉표지로 책을 판단해서는 안 됩니다. 드러나는 행위를 보고 저의 내면의 상태를 판단하지 마십시오." 그러나 사실 우리는 겉표지로 책을 판단할 수 있습니다. 예수님은 드러나는 행위로 사람의 내면을 판단할 수 없다고 말씀하신 적이 없습니다! 주님은 구체적으로 이렇게 예를 드셨습니다.

"그 열매로 나무를 아느니라"(마 12:33).

그리스도께 마음을 바치셨습니까? 그렇다면 주님은 여러분의 몸도 받으실 것입니다! 그 이유를 알려 드리겠습니다. 사랑하는 형제자매 여러분, 마음은 피를 퍼 올리는 어떤 근육이 아니며, 어떤 시인의 상상의 산물도 아닙니다.

성경이 말하는 '마음'은
사람이란 존재의 본질 그 자체이자 핵심입니다.
예수님이 우리 존재의 본질과 핵심을 받으셨는데,
우리 몸과 삶에는 영향을 미치지 못하시겠습니까?
그런 말씀 마십시오!
그런 일은 일어나지 않습니다!

우리는 성경 전체를 읽어야 합니다. 율법적으로 읽거나 추론을 끄집어내는 방식으로가 아니라 오직 성경에 기록된 분명한 명령에 순종하려는 자세로 읽어야 합니다. 그렇다면 무엇에 대한 명령입니까? 어떤 명령이 우리를 인도합니까?

저는 청교도들의 말에 모두 동의하지는 않지만 그들을 사랑합니다. 청교도들은 그들의 삶에 속한 모든 것을 예수 그리스도의 주권 아래로 가져오려는 정직한 시도를 했기 때문입니다. 모든 것을, 그들의 마음을 말입니다!

청교도들은 '성경에 따르면 우리는 무엇을 생각해야 할까?', '성경에 따르면 우리는 마음에 무엇을 들이지 말아야 할까?'와 같은 주제로 800쪽짜리 책을 썼습니다. 그들은 '우리는 무엇을 보아야 할까?', '우리는 무엇을 듣고, 무엇을 듣지 말아야 할까?'에 대해 썼습니다. 그들은 우리 혀를 어떻게 다스려야 하는지 가르쳤습니다. 그들은 우리가 어떻게 살아야 하는지 모든 것에 대해 구체적으로 다루었습니다!

겁이 나십니까? 자, 그렇다면 우리는 성경에 따라 옷을 어떻게 입어야 합니까? 저는 이를 추정하기보다 신중하게 말하겠습니다. 제 아내는 이렇게 말했습니다. "만일 우리의 옷차림이 그리스도의 영광이 솟아나는 우리의 얼굴을 위한 액자라면, 하나님께로부터 나온 것이다. 그러나 우리의 육체를 드러내기 위한 액자라면, 관능을 위한 것이며, 하나님은 이를 미워하신다."

하나님의 속성은 우리가 모든 행동 하나하나를 구체적으로 결정할 수 있도록 인도합니다.

여기서 거룩에 대한 모든 것을 다룰 수는 없습니다. 거룩이 단지 외적인 표현인 것은 아닙니다. 그러나 성령님의 내적인 역사가 외적인 열매와 무관하다고 주장한다면, 이는 전혀 사실이 아닙니다.

우리는 성령 충만하기를, 하나님의 영이 우리 안에 역사하시기를 부르짖습니다. 그러나 그분을 너무나 근심하게 만든 나머지 우리로부터 멀리 떠나시게 하는 데는 텔레비전 시청 30분이면 충분합니다! 물이 99퍼센트가 맑다고 해도 오물이 1퍼센트가 들어갔다면, 저는 그 물을 마시지 않겠습니다!

제가 고민에 빠져 고군분투하고 있을 때 친구 하나가 레오나드 레이븐힐에게 제 사정을 알려 주었습니다. 그러자 그는 작은 소책자 하나를 보내 주었습니다. 저는 아직도 그 소책자를 가지고 있는데, 절대 버리지 않을 것입니다. 그 소책자에는 이렇게 적혀 있었습니다. "다른 사람은 되지만, 당신은 안 된다(Others can; you cannot)."

저는 그 소책자에 모두 동의하는 것은 아니지만, 이것만큼은 잘 알고 있습니다. 제게는 가지 말아야 하는 장소들이 있고, 제 자신을 집어넣으면 안 되는 상황들이 있다는 사실입니다. 이는 제가 다른 사람보다 더 거룩해서가 아니라, 제 자신이 누구인지 잘 알기 때문입니다.

유럽에서 가장 위대한 바이올리니스트 한 사람이 은퇴 콘서트를 했습니다. 그가 연주를 마치자 젊은 바이올리니스트가 다가와 말했습니다.

"선생님, 제 삶을 바쳐서라도 선생님처럼 연주하고 싶습니다!"

그 나이든 연주자가 대답했습니다.

"젊은이, 나처럼 연주하기까지 나도 내 삶을 바쳤다네."

하나님의 능력이 삶에 임하기 바라십니까?
그렇다면 하나님을 알기를 소원하십시오.
그리고 세상과 구별되십시오!

사람들은 여러 수련회를 따라다니며 '쿰바야'[1] 음악에 맞춰 서로 안아 주며 교제합니다. 그러나 그보다는 광야에서 하나님과 머물며 일주일 동안 금식하면서 시편을 공부하는 편이 나을지 모릅니다. 우리는 홀로 하나님과 있으면서 주님께 속할 필요가 있습니다! 당신이 하나님의 사람이라면, 때때로 당신의 배우자, 곧 당신의 몸이며 당신과 하나인 그 배우자조차 당신의 눈을 보고는 '저이가 하나님과 함께 하기 위해 들어가는 그 은밀한 장소까지는 내가 따라갈 수 없겠구나.'라고 느낄 수 있어야 합니다.

오늘날 교회는
세상으로부터 구별되어야 한다는 사실에
침묵하고 있습니다.
그러나 성경은 침묵하지 않습니다.
성경은 우리의 응답을 요구합니다.

---

[1] 1930년대부터 인기를 끈 민속 음악으로, 청소년 캠프에서 많이 사용된 흑인 영가를 말한다. 이 책에서는 피상적인 종교와 정서를 말하기 위해 이 노래를 언급하고 있다.

"너희는 믿지 않는 자와 멍에를 함께 메지 말라 의와 불법이 어찌 함께 하며"(고후 6:14). 우리는 세상과 결코 함께할 수 없습니다.

"빛과 어둠이 어찌 사귀며"(14절). 결코 사귈 수 없습니다. 어둠은 하나님의 계시와 정반대입니다.

"그리스도와 벨리알이 어찌 조화되며"(15절). 결코 조화될 수 없습니다.

"믿는 자와 믿지 않는 자가 어찌 상관하며"(15절). 전혀 상관이 없습니다!

주님은 "그들 중에서 나와서 따로 있으라"(17절)고 말씀하십니다! 무엇으로부터 나와야 합니까? 부정한 것과 어둠과 마귀의 궤계와 불신자의 삶과 세속으로부터 나와야 합니다!

지금 나오십시오!

가정에 대한 성경적 원칙을 어김

"누가 철학과 헛된 속임수로 너희를 사로잡을까 주의하라 이것은 사람의 전통과 세상의 초등학문을 따름이요 그리스도를 따름이 아니니라"(골 2:8).

이번 내용은, 가정을 꾸린 지 얼마 안 된 나이든 사람인 제게 매우 중요합니다. 저는 30세에 결혼을 했습니다. 아내는 결혼 후 처음 8년 동안 작은 뇌종양 같은 것이 있어서 우리는 아이를 갖지 못했지요. 그러나 감사하게도 지금은 하나님께서 여러 자녀를 허락하셨습니다.

자, 이것을 생각해 봅시다. 우리의 주일 아침 예배는 허식으로 가득합니다. 아름다운 찬양이 있고, 좋은 설교가 있고, 사람들이 감동을 받은 것 같아 보여도 그것이 진정한 성령님의 역사라는 증거는 아닙니다. 그렇다면 성령님이 역사하신 증거란 무엇입니까? 가정과 결혼과 가족입니다.

성경은 사사 시대에 대해 이렇게 말합니다.

"그 때에는 이스라엘에 왕이 없었으므로 사람마다 자기 소견에 옳은 대로 행하였더라"(삿 17:6).

저는 여러 곳을 다니며 여러 종류의 사람들을 만나는데, 그때마다 경건한 자녀를 키운 경건한 부모를 찾으려고 노력합니다. 그리고 찾으면 가서 그들을 붙잡지요. 그런데 대부분 어떤지 아십니까? 제가 교회에서 대화를 나누는 사람들 대부분이 허탄한 이야기와 사회학 및 기타 다른 철학을 말합니다. 전부 자기 소견에 옳은 것들을 말입니다. 그들은 자신의 견해를 지지하는 성경 구절을 단 한 곳도 말하지 못합니다. 그러다 가끔 성경에 따라 가족을 섬기는 사람들을 만나는데, 그 차이가 얼마나 큰지요!

비행기를 타면 옆 사람과 이런 대화를 하고는 합니다.

"무슨 일을 하시나요?"

"아, 저는 남편입니다."

"또 무엇을 하시나요?"

"저는 아버지예요."

"다른 일은 또 안 하시나요?"

"네, 시간이 남으면 설교를 조금 합니다."

사람이 온 세상을 얻고도 그의 가족을 잃는다면 무슨 의미가 있겠습니까! 이렇게 질문해 보겠습니다.

무엇을 기초로 자녀를 기르며 배우자를 사랑하십니까?
여러분의 가정의 기초를 어디에서 찾을 수 있습니까?
성경에서 찾을 수 없다면, 곧 심리학과 사회학,
그리고 이 시대의 변덕과 거짓말의 포로라는 뜻입니다.

우리는 이런 다른 모든 것들을 추구할 권리가 없습니다. 하나님의 말씀을 떠나서는 아무런 권위가 없습니다!

창세기 18장 19절을 봅시다. 하나님이 아브라함에게 말씀하십니다.

"내가 그로 그 자식과 권속에게 명하여 여호와의 도를 지켜 의와 공도를 행하게 하려고 그를 택하였나니 이는 나 여호와가 아브라함에게 대하여 말한 일을 이루려 함이니라."

얼마나 아름다운 말씀입니까! 바울은 이렇게 말했습니다.

"그러므로 형제들아 내가 하나님의 모든 자비하심으로 너희를 권하노니 너희 몸을 하나님이 기뻐하시는 거룩한 산 제물로 드리라 이는 너희가 드릴 영적 예배니라 너희는 이 세대를 본받지 말고 오직 마음을 새롭게 함으로 변화를 받아 하나님의 선하시고 기뻐하시고 온전하신 뜻이 무엇인지 분별하도록 하라"(롬 12:1-2).

2절은 하나님의 뜻이 온전하다고 말합니다. 만일 하나님의 사람으로서 '나는 사역을 위해 가정을 희생하고 있다.'라는 생각이 든다면, 뻔뻔한 거짓말입니다. 사실은 자신이 세우려는 작은 왕국을 위해 가족을 희생시키는 것입니다.

하나님의 뜻은 온전합니다.
사역에 대한 하나님의 뜻을 이루기 위해
가정에 대한 하나님의 뜻을 어길 필요가 없습니다.

하나님은 우리를 필요로 하지 않으십니다.
다만 우리의 순종을 원하십니다.

한번은 어떤 사람이 저를 찾아와 물었습니다.
"폴 형제님은 전도를 반대하시나요?"
제가 대답했습니다.
"그렇기도 하고 아니기도 합니다. 저는 성경적인 전도에는 반대하지 않지만, 당신의 방식은 반대합니다."
마찬가지로 어떤 사람이 이렇게 물었습니다.

"폴 형제님은 주일학교와 청소년부에 반대하시나요?"

제가 대답했습니다.

"그렇기도 하고 아니기도 합니다."

제 대답이 무엇을 의미하는지 설명하겠습니다. 이 설명이 어떤 분들에게는 충분하지 않겠지만, 다른 분들에게는 지나칠 것입니다. 하지만 우리에게 무엇이 잘못되었는지 지적하기 위해 이 두 가지를 이야기하고자 합니다.

먼저 주일학교를 봅시다. 저는 분명히 말할 수 있습니다. 여러분이 어떤 교단에 속했든, 만일 그 교단이 어떤 체계를 갖춘 큰 교단이라면, 여러분의 교단은 주일학교 교재를 만들고 주일학교 교사를 교육하며 주일학교를 육성하는 데 엄청난 재정을 사용할 것입니다. 그렇다면 이 질문에 답해 보십시오.

"여러분의 교단은 아버지가 자녀들을 가르치도록 육성하는 데 얼마나 많은 집회를 하며, 얼마나 많은 재정과 노동력을 투자합니까?"

저는 지금 아이들을 모아 교리문답을 가르쳐서는 안 된다고 말하는 것이 아닙니다.

그러나 주일학교 교육으로
가정에서 아버지의 사역을 대체하려 한다면,
당장 바로잡아야 합니다!

제가 하는 말을 이해하시겠습니까? 주일학교에 관해서는 없는 것이 없습니다. 그러나 아버지의 자녀 교육을 돕는 집회는 거의 없습니다!

주일학교 교사들은 여러분의 자녀를 바르게 징계할 권한이 없습니다. 따라서 아이들이 주일학교에서 보내는 시간 대부분이 오락에 지나지 않습니다. 그러나 그들에게 권한이 주어진다 하더라도, 그들은 징계를 믿지 않기에 징계하지 않을 것입니다!

이제 청소년부를 생각해 봅시다. 어떤 사람들은 이렇게 말합니다. "글쎄요, 청소년들은 함께 모일 필요가 있어요." 정말 그렇습니까? 성경은 무엇이라 말합니까?

"지혜로운 자와 동행하면 지혜를 얻고 미련한 자와 사귀면 해를 받느니라"(잠 13:20).

청소년들이 함께 모여야 한다는 주장은 누구로부터 나온 것입니까? 바로 '세대 차이'라는 용어를 만든 1960년대 심리학자들입니다.

청소년은 어른과 함께할 필요가 있습니다.
그래야 어리숙한 행동을 멈추고 성숙하게 행동하며
그들을 멸망으로 이끄는 어리석음을 버릴 것입니다!

청소년들을 함께 두어서는 안 된다는 뜻이 아닙니다.
그곳에 그들의 부모도 함께 있어야 한다는 뜻입니다!

이렇게 질문하는 분도 있습니다. "그렇다면 교회에 새로 온 믿지 않는 아이들은 어떻게 하나요?" 저는 이렇게 대답합니다. "그 아이들이 교회 청소년부에 와서 무엇을 보게 됩니까?" 그들은 자기 가정에서 보는 것과 거의 똑같은 모습을 봅니다. 즉, 아이들이 아이들을 가르치는 모습을 말입니다. 아니면 조금 더 나이 많은 아이가 다른 아이들을 가르치는 모습을 봅니다!

만일 믿지 않는 아이들이 교회에서 다른 청소년들이 부모와 놀라운 사랑의 관계 속에 있는 모습을 본다면 어떨까요? 그들은 이렇게 말할 것입니다. "와! 이전에는 이런 모습을 본 적이 없어요. 아버지와 아들이 함께 나누는 이 사랑을 보세요. 이것이 기독교로군요!"

우리는 교회에서 어떤 궁핍한 상황에 처했는지 전혀 모르고 있습니다. 우리의 상황은 마치 이마에 피를 흘리는 사람이 저를 찾아와 "이곳저곳 다녀 보았지만, 아무도 제 문제가 무엇인지 알아내지 못했습니다."라고 말하는 것과 같습니다. 그러면 저는 "아, 제가 의사는 아니지만 24시간 당신을 따라다니며 무엇을 할 수 있는지 알아보겠습니다."라고 말하는 것이지요.

그리고 저는 그 사람이 매 시간마다 벽돌로 자기 머리를 치는 것을 발견합니다. 시계가 1시를 알리면 한 번, 2시를 알리면 두 번, 12시를 알리면 열두 번. 저는 이 일을 신중하게 기록한 다음 그에게 말합니다. "아시겠지만, 저는 의사가 아닙니다. 그렇지만 당신의 문제가 무엇인지 알아낸 것 같습니다."

우리가 속한 교회의 상황이 이처럼 가련합니다! 왜 우리 아이들이 못된 짓을 하느냐고요? 왜 모든 것이 엉망이 되느냐고요?

어느 남자 성도님에게 십 대 아들이 있었는데, 그 아들이 은밀한 장소에서 여자 친구를 만나려 하자 허락하지 않았습니다. 어떤 사람이 그에게 물었습니다.

"아들을 믿지 않으시는군요?"

그가 말했습니다.

"네, 믿지 않습니다. 왜 제가 아들을 믿을 거라고 생각하시나요? 저는 그 아이의 아빠도 믿지 않습니다. 저는 그 아이의 아빠도 아내가 아닌 다른 여자와 둘이 있도록 두지 않을 겁니다. 저는 호르몬이 들끓는 십 대 아들보다 더 의지를 통제할 수 있는데도 말이지요! 그 상황에서 제가 왜 아들을 믿어야 한다고 생각하시나요?"

우리는 성경의 원칙들을 알면서도 어기고 또 어깁니다. 그러면서 왜 모든 것이 엉망이 되었는지 의아해합니다.

10

하나님 말씀을 먹지 않는 목사들

"너는 진리의 말씀을 옳게 분별하며 부끄러울 것이 없는 일꾼으로 인정된 자로 자신을 하나님 앞에 드리기를 힘쓰라"(딤후 2:15).

몇 달 전, 저는 이 나라에서 발생하는 모든 끔찍한 일에 대해 들었습니다. 글쎄, 여러분이 그것을 뭐라고 부를지 모르겠습니다. 공화국? 민주주의? 아니면 사회주의 국가? 저는 듣고 있으면서 마음이 너무 무거웠습니다. 저는 속으로 기도했습니다.

'오 하나님, 제가 무엇을 할 수 있습니까? 주님이 원하신다면 진심으로, 지금 당장 불속에라도 뛰어들겠습니다. 코뿔소가 돌격해 온다면 그 앞을 막아서겠습니다. 제가 무엇을 해야 할지 명령만 하십시오! 사람들이 저를 감옥에 가둘 때까지 백악관 앞에서 설교를 하면 되겠습니까? 저는 그리스도인에게만, 교회와 집회에서만 설교하는 것에 지쳤습니다. 오, 하나님! 이 나라는 지옥을 향하고 있습니다! 제가 무엇을 하기 원하십니까? 저를 그들에게 던지소서!'

이제 디모데전서 4장 1-16절을 봅시다.

"그러나 성령이 밝히 말씀하시기를 후일에 어떤 사람들이 믿음에서 떠나 미혹하는 영과 귀신의 가르침을 따르리라 하셨으니 자기 양심이 화인을 맞아서 외식함으로 거짓말하는 자들이라 혼인을 금하고 어떤 음식물은 먹지 말라고 할 터이나 음식물은 하나님이 지으신 바니 믿는 자들과 진리를 아는 자들이 감사함으로 받을 것이니라 하나님께서 지으신 모든 것이 선하매 감사함으로 받으면 버릴 것이 없나니 하나님의 말씀과 기도로 거룩하여짐이라 네가 이것으로 형제를 깨우치면 그리스도 예수의 좋은 일꾼이 되어 믿음의 말씀과 네가 따르는 좋은 교훈으로 양육을 받으리라 망령되고 허탄한 신화를 버리고 경건에 이르도록 네 자신을 연단하라 육체의 연단은 약간의 유익이 있으나 경건은 범사에 유익하니 금생과 내생에 약속이 있느니라 미쁘다 이 말이여 모든 사람들이 받을 만하도다 이를 위하여 우리가 수고하고 힘쓰는 것은 우리 소망을 살아 계신 하나님께 둠이니 곧 모든 사람 특히 믿는 자들의 구주시라 너는 이것들을 명하고 가르치라 누구든지 네 연소함을 업신여기지 못하게 하고 오직 말과 행실과 사랑과 믿음과 정절에 있어서 믿는 자에게 본이 되어 내가 이를 때까지 읽는 것과 권하는 것과 가르치는 것에 전념하라 네 속에 있는 은사 곧 장로의 회에서 안수 받을 때에 예언을 통하여 받은 것을 가볍게 여기지 말며 이 모든 일에 전심 전력하여 너의 성숙함을 모든 사람에게 나타나게 하라 네가 네 자신과 가르침을 살펴 이 일을 계속하라 이것을 행함으로 네 자신과 네게 듣는 자를 구원하리라."

1절에서 바울은 젊은 디모데에게 이렇게 말합니다. "그러나 성령이 밝히 말씀하시기를 후일에 어떤 사람들이 믿음에서 떠나 미혹하는 영과 귀신의 가르침을 따르리라 하셨으니." 즉, 기본적으로 문화의 타락에서 모든 종류의 파멸이 시작하며, 모든 일들이 미쳐 돌아가고, 사람들은 짐승처럼 행동할 것이라는 말입니다.

콘래드 음베웨[1]는 이렇게 말했습니다. "아프리카에서 우리는 더는 짐승을 두려워하지 않습니다. 우리는 짐승에게서 도망치지 않습니다. 우리는 사람을 두려워하며, 사람에게서 도망칩니다." 물론 그는 인류의 근본적인 타락에 대해 말한 것입니다. 바울의 말처럼 말입니다. "디모데야, 세상은 온통 제자리에서 벗어나 붕괴될 것이다."

바울은 또 어떤 말을 합니까? "네가 이것으로 형제를 깨우치면 그리스도 예수의 좋은 일꾼이 되어 믿음의 말씀과 네가 따르는 좋은 교훈으로 양육을 받으리라"(6절). 그렇습니다. 이 세상은 이성을 잃었습니다! 여기서 하나님이 하시는 말씀은 이것입니다. "세상은 철저하게 나의 섭리 아래

---

[1] 잠비아 루사카의 카부와타 침례교회 목사이다.

있다. 나의 말을 잘 들어라. 배도와 박해와 온갖 죄악이 날뛰는 가운데 네가 행할 일은 이것이다. 곧 쉬지 말고 믿음의 말씀 안에서 양육을 받으라!"

그러나 우리는 그렇게 하는 대신 언제나 밖으로 달려 나가 무언가 하기를 원합니다. 우리는 무언가를 바로잡기 원합니다. 그러나 하나님은 날선 검과 같은 연단된 사람을 찾으십니다! 그러니 끊임없이 "믿음의 말씀과 네가 따르는 좋은 교훈으로 양육을 받으십시오!"

여기서 "네가 따르는"이라는 말이 중요한데, 이는 "네가 따르며 순종했던"이라는 뜻입니다. 즉, 단순히 성경 지식을 습득하는 것으로는 하나님이 그분의 백성을 위해 정하신 목표에 이르지 못한다는 것입니다.

하나님의 백성은 하나님의 말씀에 순종해야 합니다.
하나님의 말씀을 따라야 합니다.
따르지 않는다면,
우리는 그 교훈을 제대로 배울 수 없습니다.

그다음 바울은 "망령되고 허탄한 신화를 버리라"(7절)고 요구합니다. 이머징 교회와 관련한 모든 것들, 교회 성장에 대한 대부분의 것들, 그리고 성경적인 정서를 창밖으로 내던진 모든 문화적 정서들을 수용하는 것은, 하나님의 능력을 삶으로 드러내지 못한 채 마치 어린아이처럼 교회 놀이를 하는 것과 같습니다. 사울의 갑옷을 입으려고 애쓰던 다윗처럼 말입니다! 그것을 내다 버리십시오! 육신의 팔을 신뢰한다면 하나님의 능력을 누리지 못할 것입니다.

이어서 바울은 "경건에 이르도록 네 자신을 연단하라"(7절)고 말합니다. 즉, 경건하도록 자신을 훈련하라는 것입니다.

하나님의 사람이여! 부흥을 원하십니까?
그러나 우리는 군사가 필요합니다!
우리의 싸움을 위해
하늘에서 강한 불 창과 칼과 무기들이 주어질 때
온전한 성품으로 그 무기들을 휘두르며
싸울 실력을 갖추십시오!
경건을 위해 스스로를 훈련하십시오!

기도를 훈련하십시오. 창세기부터 요한계시록까지 수없이 반복하여 읽으며 성경을 체계적으로 알아 가는 훈련을 하십시오. 말하는 것을 훈련하십시오. 대인관계에 있어 자신을 훈련하십시오. 잠자리에 들 때나 아침에 일어날 때 훈련하십시오.

지금은 전쟁 중입니다! 자신을 훈련하십시오!

여러분이 1980년대 이후 생이라면 시대적 특징 때문에, 예외적인 경우를 제외하고는 아마 대부분 훈련이 부족할 것입니다. 실제로 자신을 훈련할 필요를 느낀 적이 없었을 것입니다. 굶지 않기 위해 수고할 필요도 없고, 아버지가 등이 휘도록 일을 시킨 적도 없었을 것입니다.

그러나 하나님께 쓰임을 받아 많은 것을 성취한 사람은 사역을 위해 수고했던 사람들입니다! 사역에서 효과를 보기란 어렵습니다. 그 사역을 위해 우리는 모든 것을 희생해야 합니다. 그러나 나이가 들어 연약해질지라도 하나님의 일에 있어서는 강해질 것입니다!

"경건에 이르도록 네 자신을 연단하라 육체의 연단은 약간의 유익이 있으나 경건은 범사에 유익하니 금생과 내생에 약속이 있느니라"(7-8절).

왜 이 땅에서 잘 사는 일에 그토록 신경 쓰십니까?
영생이 있는데 말입니다!

언젠가 우리는 화강석 홀 가운데 영광의 주 앞에 서게 될 것입니다. 이 땅의 왕들과 가장 위대한 사람들이 나뉘고, 그 중에 어떤 이들이 따로 뽑힐 것입니다. 어떤 사람은 영원한 지옥으로 떨어지고, 어떤 사람은 영원한 영광 가운데 영원한 삶으로 초대받을 것입니다!

올림픽 메달리스트들이 얻는 영광을 보십시오. 그러나 그것은 잠시뿐입니다. 그럼에도 그들은 4~5세 때부터 훈련을 시작해 22세가 되기까지 훈련 외에는 아무것도 하지 않습니다! 그들은 벽에 걸 메달을 따기 위해 9초 안에 끝나는 경기에 모든 것을 겁니다. 그것이 전부입니다! 그들의 영광의 순간과 그들의 삶의 목표는 그렇게 끝이 납니다.

그런데 우리는 영원을 위해
그만한 노력을 기울일 수 없다는 것입니까!

하나님의 위대한 사람들 중에는 심한 육체적 제한을 가진 사람들이 있었습니다. 그들은 매우 제한된 능력 때문에 한 가지 일에만 집중해야 했습니다. 바로 사역에 말입니다!

"육체의 연단은 약간의 유익이 있으나…… 미쁘다 이 말이여 모든 사람들이 받을 만하도다 이를 위하여 우리가 수고하고 힘쓰는 것은 우리 소망을 살아 계신 하나님께 둠이니"(8-10절).

그저 산산조각 나는 허무한 것에 삶을 바치라는 것이 아닙니다! 그렇지 않습니다! 우리는 하나님을 섬기며, 하나님은 우리를 영화롭게 하실 것입니다! 우리는 소망을 주님께 두고, 주님이 우리에게 힘을 주실 것입니다!

인생은 안개와 같습니다. 제가 설교를 시작한 지 수십 년이 지났지만, 처음 설교했던 때가 마치 엊그제 같습니다. 세

월이 다 어디로 간 것입니까? 인생은 안개입니다! 힘이 있을 때 복음을 전하십시오! 제가 젊었을 때 저를 안데스의 산골과 페루의 정글로 보내신 하나님을, 그리고 그분의 섭리를 찬양합니다! 저는 벌써 그때처럼 일할 힘이 없습니다.

아직 젊을 때, 힘이 있을 때 온 힘을 다해 수고하십시오! 그 바보 같은 비디오게임을 모두 끄집어 내 밟아 버리십시오! 텔레비전을 창밖으로 던지십시오!

우리는 이런 유치하고 시시한 일들보다
위대한 일을 위해 지음 받았습니다!
우리는 왕의 자녀이기에
이 땅의 무엇도 우리를 만족시킬 수 없습니다.
그 무엇도!

이제 15절을 보겠습니다.

"이 모든 일에 전심 전력하여 너의 성숙함을 모든 사람에게 나타나게 하라."

제 아이가 나무 식탁에 물을 쏟았다고 합시다. 하나님이 자연 속에 두신 법칙 때문에 그 물은 식탁 위에 고이고 작은 물웅덩이가 생겼습니다. 제가 말합니다. "식탁에 엎질러진 물이 있네." 이것은 너무도 명백한 사실입니다. 저는 엎질러진 물에 수건을 덮었다 집어 듭니다. 그리고 말합니다. "이제 엎질러진 물이 없군." 물은 어디로 갔습니까? 수건에 흡수되었습니다.

여러분! 우리는 성경이 말하는 경건과 성품을 묵상하고 흡수해야 합니다. 목회자 여러분께 당부합니다! 여러분은 심부름하는 소년이 아닙니다. 세속적인 교인들의 변덕에 비위를 맞추는 데 세월을 보내서는 안 됩니다. 연구에 전념하십시오! 하나님을 아는 일에 깊게 빠지십시오! 사람들이 이렇게 말하기까지 하십시오. "목사님이 예전에는 모든 곳에 계시면서 모든 사람과 친교를 나누셨는데, 지금은 어디 계시지?" 그는 경건에 속한 일에 빠져 있는 것입니다!

우리는 하나님의 사람입니다.
우리는 지극히 높으신 분의 사역자입니다.

우리는 구별되어야 합니다!
멀리 있는 별을 볼 수 있어야 합니다!

우리가 사람들을 위해 할 수 있는
가장 위대한 일은,
하나님의 일에 빠지는 것입니다!
우리의 입에서 하나님의 말씀이 나오도록!

제가 속했던 교회들의 설교 목사님들은 언제나 연구에 전념했습니다. 한 교회에서 저는 다른 지도자들에게 이렇게 말했습니다. "가능한 설교 목사님의 짐을 최대한 덜어 주십시오. 목사님이 성경을 연구하며 하나님과 함께하실 수 있도록 말입니다. 우리 자녀들이 다니는 교회입니다. 목사님이 우리에게 줄 수 있는 최고의 선물은, 하나님께 인정받을 만큼 말씀을 연구하여 성령님의 능력 가운데 설교단에 서고, '주께서 말씀하시기를'로 설교를 시작해 우리를 바로잡고 책망하며 우리에게 위대한 약속들과 경고를 선포하는 것입니다."

목회자 여러분, 교인들을 위해 이렇게 하십시오. 하나님이 말씀하셨습니다. "네가 네 자신과 가르침을 살펴 이 일을 계속하라 이것을 행함으로 네 자신과 네게 듣는 자를 구원하리라"(16절).

오늘날 복음주의 진영 안에서 이 구절은 아무런 의미가 없는 듯 보입니다. 이 구절을 심각하게 취하는 목사들과 설교자들이 얼마나 됩니까? "나는 나 자신과 내게 듣는 자들의 구원을 확실히 하기 위해 스스로에게 세심한 주의를 기울여야 한다."고 말하는 사람이 얼마나 됩니까?

목회자 여러분께 묻습니다.

자신이 참으로 믿음 안에 있는지,
언제 마지막으로
자신의 삶을 점검해 보았습니까?

저는 저의 회심에 대해 연구하고, 다른 사람들과 저의 회심에 대해 토론하고, 주님과 동행한 순례의 삶을 돌아볼 때 큰 확신을 가집니다. 하나님을 더욱 알아간다는 큰 확신이 있습니다. 그러나 제가 만일 지금 믿음에서 떠나 다른 길로 간다면, 이단의 길과 세속의 길로 나아간다면, 제가 실은 주님을 전혀 몰랐으며 모든 것이 육신의 일이었다는 가장 큰 증거가 될 것입니다.

저의 이 말에 충격을 받으셨습니까? 이런 말을 들어본 적이 없으십니까? 그러나 반드시 우리가 들어야 할 변함없는 성경적 진리입니다. 『천로역정』[2]을 꼭 읽어 보십시오. 하나님께서 그분의 교회에 복을 베푸시기를 기도합니다!

> "네가 네 자신과 가르침을 살펴 이 일을 계속하라 이것을 행함으로 네 자신과 네게 듣는 자를 구원하리라"(딤전 4:16).

---

[2] 존 번연(1628-1688)이 쓴 고전 우화로서 주인공은 크리스천이다. 율법의 죄의식에서 벗어나기를 구하던 크리스천은 그리스도의 십자가에서 용서를 발견한다. 그 후 천성의 영원한 생명을 향해 가면서 이 세상에서 수많은 시련을 직면한다. 그는 매 순간 하나님이 그를 위해 표시해 둔 올바른 좁은 길에 계속 서려면 하나님의 말씀을 의지해야 한다는 사실을 깨닫는다. 그는 그 길에서 처음에는 순례자로 보이는 수많은 거짓 신자들을 만나는데 오직 '충실한 믿음'과 '소망으로 가득함'을 제외하고는 모두 그 길에서 이탈한다.

사명선언문

너희가 흠이 없고 순전하여……세상에서 그들 가운데 빛들로
나타내며 생명의 말씀을 밝혀 _ 빌 2:15-16

1. 생명을 담겠습니다
만드는 책에 주님 주신 생명을 담겠습니다.
그 책으로 복음을 선포하겠습니다.

2. 말씀을 밝히겠습니다
생명의 근본은 말씀입니다.
말씀을 밝혀 성도와 교회의 성장을 돕겠습니다.

3. 빛이 되겠습니다
시대와 영혼의 어두움을 밝혀 주님 앞으로 이끄는
빛이 되는 책을 만들겠습니다.

4. 순전히 행하겠습니다
책을 만들고 전하는 일과 경영하는 일에 부끄러움이 없는
정직함으로 행하겠습니다.

5. 끝까지 전파하겠습니다
모든 사람에게, 땅 끝까지, 주님 오시는 그날까지
복음을 전하는 사명을 다하겠습니다.

서점 안내

광화문점	서울시 종로구 새문안로 69 구세군회관 1층 02)737-2288 / 02)737-4623(F)
강남점	서울시 서초구 신반포로 177 반포쇼핑타운 3동 2층 02)595-1211 / 02)595-3549(F)
구로점	서울시 동작구 시흥대로 602, 3층 302호 02)858-8744 / 02)838-0653(F)
노원점	서울시 노원구 동일로 1366 삼봉빌딩 지하 1층 02)938-7979 / 02)3391-6169(F)
일산점	경기도 고양시 일산서구 중앙로 1391 레이크타운 지하 1층 031)916-8787 / 031)916-8788(F)
의정부점	경기도 의정부시 청사로47번길 12 성산타워 3층 031)845-0600 / 031)852-6930(F)
인터넷서점	www.lifebook.co.kr